天符経

チョンブギョン

神が道を歩く、宇宙進化の原理

天符経

チョンブギョン

神が道を歩く、
宇宙進化の原理

韓相永（ハンサンヨン）著 / 姜智芸（カンチエ）訳

Jisik Gonggam Publishing Company

凡　例

1. この本の原典は同じタイトルの「 神が道を歩く、宇宙進化の原理、チョンブギョン（天符経）」である。原典は「解題」、「序論： 宇宙の進化と変化の境界、人間」、「五つの章（1章：チョンブギョンの本心論/2章：チョンブギョンの構造的な原理と解釈の体系/3章：チョンブギョンの原文解説/4章：チョンブギョンの原文解説の説明-人間と神、地球と宇宙そして絶対無/5章：チョンブギョンにだけ説明できる、易経と道徳経の原理）」、「付録：チョンブギョンの思想、チョンブギョンの数」で成り立っている。この本はその中で「解題」と「3章：チョンブギョンの原文解説」を基に製作された。

2. 「弘益人間」、「在世理化」は韓国の古代国家である古朝鮮の建国（紀元前2333年）から現在の韓国まで続いている建国理念であり統治哲学である。韓国固有の人間哲学であり共同体意識である「弘益人間」、「在世理化」はチョンブギョンの宇宙原理によって完成された世界観だ。

   - 弘益人間: 弘益人間には「広く人間を利する」という役割としての意味があり、「広く人間を利する人間」という存在的な意味がある。 チョンブギョンで本心を持った人間の存在的な象徴が弘益人間で、そういう弘益人間が他の人間を本心を持った状態に作っていくことがその役割だ。

   - 在世理化, 理化世界: 世の中を人間が弘益人間に進化する宇宙原理に符合するようにすることが在世理化であり、これにより「広く人間を利する弘益人間」で満たされた世界が理化世界である。

3. 韓国と日本は類似の言語の構造と文化的な特性を持っている。そういう訳で、チョンブギョンの原理が原典により近く伝わるように、意訳ではなく直訳の中心の翻訳を選択した。

目次

［チョンブギョン（天符経）の解題］

なぜ今 、
チョンブギョンを
読まなければならないのか?

［チョンブギョン（天符経）の解題］

なぜ今 、チョンブギョンを 読まなければならないのか?

世の中に閉じ込められた人間

人間の世間が作られる過程で人間の意識は神と宇宙から分離された 世間的な生に必要な選択だけを重ねたからだ。この過程で文明と宗教が世の中の二つの軸になっていた。文明の知性が地球的な存在としての生を教えることで、宇宙的な進化ではなくて地球的な変化に人間が閉じ込められるようになった。ここに宗教が神の代わりになったことで、神と繋いだ存在的な進化の紐も切れた。宇宙が地球を作って人間を運行の主体に選択した過程と目的が忘れられてしまった。このような過程を経りながら宇宙と人間を繋いだ精神もまた変質した。地球と人間を繋ぐ地球的なものに縮小されて、結局は人間と人間を繋ぐ世間的なものに強固になった。人間自ら宇宙と繋いだ輪を外して、地球内の島である世の中を人間の全部としたものである。

宇宙は宇宙の無で無である状態の地球を作った。そして地球を運行させ宇宙の目的に符合する役割を行う存在として人間を生まれるようにした。その目的がチョンブギョン（天符経）で言う神の道を歩く宇宙進化の原理である。人間が世の中に閉じ込められながらずれた道に戻ることができるように助ける。チョンブギョンは八十一の文字の経文だけで宇宙と地球、そして人間の生まれることと目的、人間が歩いて行かなければならない進化の過程全体を説明する。チョンブギョンがこのように短い経文で明確な原理だけを残したのは、このような原理が断絶されないようにするためだろう。これは人間にとって存在的に付与された明確な目的があるという意味で、その目的に従う道を見せてくれたのが仏，イエス，老子だ。これは宇宙的な進化の道であり、人間にこの進化の道は終わり(終)で神になる道である。人間がその道を忘れて世の中に閉じ込められているにもかかわらず絶滅していないのは、完全に神となった人々のおかげだ。

人間は彼らを地球的な神とした。そしてその神を追って生きて行きながら使われるだけで、彼らのように宇宙的な原理を追って神になろうとしない。世の中に閉じ込められた時間が本来の神性の心を失わせたからだ。そうして、ほとんどの人には心の基盤だけが残っている。人間は地球の中で宇宙に符合する道に適合するように進化した唯一の存在だ。宇宙に地球が生まれて、地球にまた人間が生まれたのは、明確な宇宙的の目的によるものであるからだ。その目的である進化の純粋性を守った人間が仏とイエス、老子になったのだ。チョンブギョンはその道を歩く原理を明瞭に見せている。宇宙の目的に符合する唯一の存在で選択された瞬間から、人間の存在的な役割は選択の問題ではない。そういう訳で「世の中での我」は「神へと進化している人間としての私」に与えられた生の機会であり、世の中に閉じ込められた人間が、自らその境界の外に出て存在性を回復しなければならない。

世の中の武器、生存

人間の世間は大きく「文明に基づいた世間」と「精神に基づいた世間」に分かれている。人間は文明と精神が教えた二つの世間の間を全体に知って生き、存在的な生を自覚することができない。この極と極の二つの世間は、人間のためのものだと主張すること、人間が選択できるすべてのものだと教えて人間を支配すること、人間を自立できないので世話をする必要がある可哀相な存在だと思っていること、最後にその世間が神でもない宇宙でもない人間が作り上げた地球の内の非常に小さな世間に限定されるという共通点を共有する。長い時間人間は自発的な従属による自己抑制を繰り返すことによって基準を作り上げ、世の中が全部という信念を事実として共有するようになったのだ。世の中が人間に生存の恐怖を持つよう作ることに成功したから可能なことだった。

生存は文明と宗教に代弁される世の中が人間に教えたものである。生存は死を人間の意識領域に引き込む道具だ。本来、人間に生存と死は生の当然な過程に過ぎなかった。文明と宗教によって意味が付与され特別になったのだ。文明は人間を生存価値のための競争に乗り出すようにして、宗教は生存に無常と順従で模様（文）を加えた。この過程を通じて人間の生に極と極の基準が固着化され、生存の欲望と死の恐怖が入り交じりながら生に執着するようになった。本来人間に生存とは、目的ではなく、重ねて与えられる機会に過ぎないということを忘れるように作ったのだ。このように、意識の本末が伝道されて人間の意識は世の中に限定され自由を失った。そういう訳で、人間がこの二つの世の中に頼っている限り、絶対に人間の道を自由に生きていける意識レベルに至ることができない。

人間は文明と宗教のこれらの属性と原理を数千年の間に進化させてきた。世の中の知性人や宗教家たちはその意識の頂点に位置する人々である。そういう訳で、人間の道を歩いて神になった仏•イエス•老子たちが残した経典と教えをそのまま伝達するのは難しい。世の中が定めた秩序に慣れた人間の意識レベルでは、意識の出発点と目的が異なる彼らの本質を理解できない。これは人間が地球の中心的な存在になった理由と、宇宙に地球が生まれた原理を知ることができないということを意味する。これ以上、神になった人間が出てこない地球的な現実がそれを証明している。人間の境界となったこの二つの世界の限界が明らかになったものであり、宇宙は自ら正すことができるよう人間に休暇を与えた。人間は人間だから意味があるわけではない。宇宙的な目的に符合する存在として選択されたので地球的に意味があり、それを持続できるようになる度に宇宙的な存在価値があることを悟らなければならない。このように、人間の道は世の中で見つけられない。人間の存在的な意味でその道を見つけるべきで、古典と経典がその道の模範答案を示している。これを通じて人間の存在的な価値と進化的な意味に集中しなければならない。

人類の休暇の終わり

世の中の大きさは独立されて固定した時空である地球の安定性に大きな影響を与える。世の中が大きくなるほど、地球は本来の存在的な目的を持続することが難しくなって、人間の意識は地球と宇宙に拡張されなくなる。これによって人間と人間、人間と地球は同じ目的を持った共存と協力の関係から、競争と支配の関係に変質する。問題は文明と宗教が限界に至ると、もうこれ以上人間に魅力的な代案を提示してくれることができないという点である。人間の存在的な価値は消えて、存在的な数字は最大に至った今がその限界点である。限界点に至った人間は進化が可能だった存在に戻る方法の以外には代案がない。そういう訳で、世の中で解答を期待できないと自覚した人間は、宇宙に繋がっている意識の道を探し始めた。西洋を中心に起こっている神と宇宙、霊性と意識革命についての問題提起がその証拠である。しかし、自体的に解決できる代案を持たなかったので、外界文明などに頼るのが主流になっているだけだ。それでも人間が文明の固定観念と支配力から脱して宇宙と疎通しようとしたり、宗教に関係なく神その自体を直面しようとし始めたのは明らかだ。

もう神となった人間たちのおかげで、人類が送っていた休暇は終わった。人間は、地球で存在的な価値と機会を維持していた本来の道を歩かなければならず、文明と科学の便利を超えた宇宙的な神性を追わなければならない。世の中にはこれと関連した情報がこれまで以上に溢れている。これ以上、文明と宗教そして変化に合わせる慣性的な生には代案を見つけられない。「地球に生存するためのもの」ではなく、「地球に生き残ることになった理由」を追って、人間が生まれた本来の目的に符合する生存の機会と意識の根を正さなければならない。そのための唯一の代案は限定された時空からの変化ではなく、時空の境界を越えて宇宙的な進化意識で生きていくことである。それをチョンブギョン（天符経）は地球的な無に基づいた存在の人間から、宇宙的な無に基づいた存在の神への進化だと教えてくれる。人間という存在の本来の役割をチョンブギョンで見つけられるのだ。秘傳で伝えられたチョンブギョンが、100年前に世の中にその実体を現わした理由もまた、このような大きな流れの中にある。

チョンブギョンの価値

人間は本来、自然と世間、神と人間、宇宙と地球という境界を持ったことがなかった。すべてが一つの本と道で繋がっていた。地球上の神話にその痕跡がそのまま残っている。そういう訳で、進化の末に至って終わった人間の誕生が可能だった。チョンブギョン（天符経）はそんな状態の宇宙と地球、人間の存在性と目的を神話ではなく完全な原理の形で含んでいる経典だ。境界のない一つの時空で宇宙と地球、神と人間が繋がった原理を示す。それが可能な理由は、このすべてが一つの無で成り立ったからだ。一つの無が宇宙と地球、人間という目的に符合する時空と存在として定着したものだ。そういう訳で、「万物的な存在から地球的な存在に、また宇宙的な存在に人間が超えていく」とチョンブギョンが教えることができる。

このように、地球と人間が作られたのと、人間の存在性と目的についての原理を一つに示すのはチョンブギョン（天符経）だけだ。仏•イエス•老子たちはその原理に沿って宇宙的な無の神となった。しかし、彼らの教えと人間の欲望が混ぜ込んで作られた精神と文明は、その道から外れた。その道にまた戻るためには、完全な地図と名分が必要で、これがチョンブギョンが持つ価値の根幹だ。チョンブギョンが伝えるのは、人間が恐怖を持つ前に生きていた本来の姿であり、人間だけの世間に閉じ込められる前に追った、本来の明るさである。チョンブギョン（天符経）は人間に天、すなわち宇宙的な目的に符合する生があるという事実を自覚するようにする。これは世の中が教える「よく生きること」や「長く生きること」、「死を待つこと」とは全く関係のない本物の人間の道である。人間が生を「目的」ではなく「機会」として活用していた生を回復するのだ。

人間は生の目的を自分自身のためのもので完全に使用しなければならない。そのために誕生と共に閉じ込められた意識の境界を越えられるように助ける道具が必要で、チョンブギョンはその役割に適した経典だ。世の中と宗教を通さずに神と宇宙を直面することで意識の出発点である根を変えるものである。これを通じて、人間が宗教や文明、文化や知識から学んだものと異なる目的を持つ存在であることを示している。人間の存在性の本質を取り戻すための意識転換の根拠を見つけることだ。地球的な進化を人間を中心として設計した理由を収容すると、現在の生に符合する機会を失うことはない。人間にとってこのような過程は、進歩ではなく退歩したことを正すことだ。神となった人々が残した過去の経験を越えられない人間の現実がそれを証明している。神の道を歩いていた本来の意識レベルに戻ることは人間の存在価値を回復することだ。チョンブギョンはこの変換された意識の根になって、易経や道徳経のような経典はその幹であり実になっている。このようにチョンブギョンは人間の存在的な根と宇宙で人間の価値を証明する唯一の経典とすることができる。

チョンブギョンの由来と論難

チョンブギョン（天符経）は、すべての文明と宗教から自由な人間と無で象徴される神の本質について話している。宇宙が存在している原理でありながら存在する理由であり、人間が主人公になって歩くの進化の旅である。人間に神の道を歩く宇宙進化の原理を伝えている経典のチョンブギョンが、今の人類に絶対的に必要な訳だ。本来、人間の意識は地球から宇宙へと開かれていた。そういう訳で、その時に人間の意識は太陽と多くの星の神を追った。今のように地球内の神を追うことさえ手に余っている存在ではなかった。このように切れてしまった意識の根をチョンブギョンは完全な格好で蘇らせた。人間が地球に生まれた目的を忘れて生きるのは、生と死を重ねる過程を意味のないものとする。人間の生には明確な目的があり、自らその道を歩こうとしなければならない。

チョンブギョン（天符経）は81の文字に成り立った韓民族の最高の経典で宇宙運行の原理を含んでいる。伝えるところによると、チョンブギョンの始まりは、桓国時代の桓雄が神誌の赫徳に古代文字であるノクドムン（鹿圖文）で書かせたものであり、現在のチョンブギョンは檀君時代に篆書で続いていたものを新羅時代のチェチウォン（崔致遠）が太白山で発見した檀君篆碑から漢字に移したものである。このようなチョンブギョンが世の中に知られたきっかけは、修道者のギェヨンス（桂延壽）が1917年妙香山の石垣に刻まれたチョンブギョン81の文字を発見してダングンギョ（檀君教）に伝えたことから起因する。チョンブギョンの原文または名称が書かれている文献には太白逸史、三聖記、檀君世記、檀奇古史、三國遺事、天乙眞経、農隱遺集本などがある。チョンブギョンには妙香山石壁本•崔孤雲事蹟本•太白逸史本•盧沙傳本などがあり、妙香山石壁本が通行本で使用されている。

チョンブギョン（天符経）の経文は版本によっていくつかの文字が少しずつ違う。経文の構造は同じで、意味的な違いもほとんどない。チョンブギョンには根拠の不確かさから来る僞経の論難が存在する。チョンブギョンについての文献学的な根拠が少なく、信頼度について持続的に問題が提起されているからだ。これは20世紀に甲骨文が発見されるまで存在していた論難の形態とたいして変わらない。甲骨文も同じ理由で19世紀まで論難の対象であった。同様にその時代の歴史や文化についての論難も絶えなかった。これは根拠を通じて事実を受け入れる方式の限界を示している。それでも時期や文献、主導的な史観などの学問的な根拠で調べる方式が相変わらず主要な道具として活用されている。

チョンブギョン（天符経）は古代の当然な原理が繋がる過程で秘傳的な性格を持つようになったのだ。

また、経文の全体が81の文字で短くて単純だから、伝承や教育のために文献的な形を持つ必要がなかった。チョンブギョンの偽経論難 はこれらの特性の理解不足、変化した精神による低まった意識レベルが経典の真理や事実を直観的に収容する方法を失ったので起こることである。チョンブギョンの構造と原理を理解できれば、弘益人間と在世理化と呼ばれる古い伝統とその根が同じものであることが分かる。人間が重ねてきた信頼や知識で検証できる真実は多くない。特に甲骨文やチョンブギョン（天符経）のような古代伝統の場合はなおさらだ。

人間の世間が宇宙的な生から地球的な生に、もう一度人間的な生に縮小されて意識の限界は大きくなった。本来の宇宙的な明るさではなく人間が作った明るさを基準に考えているからだ。幸いにチョンブギョンには経典を検証する弘益人間と在世理化という死なない根がある。チョンブギョンは人間のための経典だ。人間がこの宇宙に存在するようになった理由とそれに符合する人間の道を教えるための教科書だ。弘益人間と理化世界の理念がチョンブギョンから出てきたという主張を検証することにより、本来の用途を取り戻すなら偽経論難は自然に消えるだろう。これは人間が生まれた根の本質に符合したもので真偽を明かす学問の本来の方式だ。人間はこんな過程を通じて、世の中の知識の中から正しいものを見つけなければならず、それを追って本来の原理を明らかにする力を育てなければならない。チョンブギョンの宇宙進化の原理はその基準になってくれることができる。心が自然に明るさに向けている人間の本来の姿を取り戻す旅に適したコンパスであって教材なのだ。

チョンブギョンの原理

チョンブギョン（天符経）は人間が天の原理を追って独立した一つ(一)の状態である無の存在に着く道を教える経典だ。地球が「一始無始一」で宇宙から無の状態で独立する原理が人間に適用される。単に地球が一つで始まって（一始）宇宙から独立するのであれば、人間は「一終無終一」で一つになり地球から宇宙へと戻っていくという違いがある。このような原理と過程を経るのが人間の本来の目的であることを伝えようとするのがチョンブギョンである。一つ(一)は独立した時空を持った存在を意味する。大きくは宇宙が一つであり、地球が一つである。しかし、人間は宇宙や地球のように完全な一つではない。人間が地球と同じ大きさの「人中天地一」の状態になってから一つになり、この完全に一つである状態の人間を指して神と呼ぶ。神になって始めて宇宙と地球のように自体の時空で人間を抱く一つになる。このようなチョンブギョンの宇宙的な進化は、それぞれの時空が無に頼る状態で繋がっているので可能である。宇宙と地球は基盤として作用し、人間はその上で自らの存在的な進化を通じて地球的な存在から宇宙的な存在へと進化していく。

存在とは宇宙の原理に符合する役割を持つものだ。故にそれぞれの一つ(一)は存在性を持つだけで相対性は存在しない。相対性は地球という時空と存在の中で起こっている変化を説明する。これは見せられてるものと見えないもので成り立った無の存在性とは異なった原理だ。そういう訳で無極や太極、陰陽と五行は、宇宙的な進化過程に存在する地球が運行されている自体的な変化原理に限られたものとして理解しなければならない。このような相対性から脱して個別的な存在性を自覚しなければ、人間は宇宙的な進化を経験できないとチョンブギョンは明確にする。宇宙的な進化原理を従う易経と道徳経が相対性の原理や概念ではなく、存在性と役割で説明することもまた同じ道理だ。これは存在が同じ形質である無に基づいているので相対性がありえないという意味だ。一つの時空は自分を作り上げた大きな時空に頼るだけで生存でき、地球が宇宙の目的に符合する役割通りだけに運行されることを知らせる。人間もこのような原理で地球の目的に符合するように運行される。これを通じて宇宙の目的が時空ではなく、その中の存在にあることを分かる。チョンブギョンは無で繋がった宇宙と地球、人間が単純に維持するために存在するのではないことを明確にする。

無

チョンブギョン（天符経）で「無」は宇宙の存在の原理である。「無から始まった一つ(一始)」が「無で始まった一つ(無始一)」を作り、この「無で始まった一つ(無始一)」が運三という運行の過程を経て、「終わり(一終)」として「新たな一つの無の状態(無終一)」になる内容と進化原理を盛り込んでいるのがチョンブギョンであるからだ。無から始まった存在がその無と同じになることだ。チョンブギョンの無は「有りと無し（有無）」の無ではなく存在の本質である。チョンブギョンが無の状態で始まって無の状態で終わる理由だ。「無から始まった一つ(一始)」は絶代無では宇宙になって、宇宙では地球になり、地球ではそれぞれの万物になる。地球がその万物の中で進化に適した存在として選択したのが人間だ。宇宙ではすべてが無で、時空と存在によってその無の形質が異なる。故に止まり(死)と終わり(終)によって無の形質と時空が変わるだけだ。人間は無から始まった一つ（一始）である、地球を作った無を象徴する太陽の明るさを追い求めて（太陽昂明）、宇宙が地球を作った時と同じ無の状態（人中天地一）に至るようになる。これは「無で始まった一つ（無始一)」が一終で一始した地球と同じ十の大きさになったことなので、「無で終えた一つ(無終一）」と呼ばれる。「一始無始一」の無と「一終無終一」の無が意味的には同じだが、その形質は進化を経て完全に変わったことを象徴するようになる。人間はこのように無終一に至った人間を神と呼ぶ。

本

「本」は一つ(一)が完成された状態を象徴する。人間は本心に達してこそ完成された状態の宇宙と地球に繋がることができる。チョンブギョン（天符経）は、宇宙が地球のために植えておいた宇宙的な本で太陽を上程する。そういう訳で、地球はこの太陽の明るさを追い求め（昻明）生きていく。このように一始した地球の本は析三極の三極だ。地球は宇宙が地球を作ったのと同じ原理で、本の三極に頼る天地人の三才を作って宇宙が地球を運行させるように運行する。その運行の結実である人間が本を持たされた状態が「本心」だ。これは、宇宙が一つである地球を含んでいるのと同じ原理で、地球が一つである人間を 含んでいるのだ。このように、宇宙と地球、人間は本の状態で一つに繋がる。その時から、人間は宇宙の目的に符合する存在として生きていくことになる。チョンブギョンはその目的が地球を通じて地球と同じ大きさの存在を進化させることを見せる。このように、本を通じた進化は母が模した（母）子が母になる理と同じだ。

心

「心」は地球的な進化の完成を象徴する。その進化の対象で選択されたのが人間だ。チョンブギョン（天符経）で心は、目的や結果ではなく太陽の明るさを追い求め「人中天地一」に終わるための過程だ。本心と人中天地一の違いは三極と天地人にある。本心は、天地人の三才が一つになったことで、人中天地一は三極が一つになったことだ。三極は、三極の属性を模して三極の中で一つの極に天地人を作った。この過程で人間が 選ばれ、「生七八九」の過程を経てながら心を持つことに完成される。これは天地人が一つ(一)に合わさったことで、人間が三極の中で一つの極の状態になったのだ。この状態で太陽の明るさを追い求め(昻明)により、三極の残りの二つの極が人間の中でまた一つになったのが人中天地一だ。宇宙は太陽を通じて一始した地球が存在の目的を失わないようにして、地球は人間を本心で完成させ終わり(終)に至るようにする。このように地球と宇宙の進化的な分岐点は人間が本で心を持つもので、人間が心を持つように進化しなければならない理由だ。チョンブギョン（天符経）のこういう原理が道徳経で常道と道として残っていて、神になった人々が道を心とした理由だ。

天孫民族としての義務

天孫民族としての義務は宇宙原理の継承者で、適切な時（時中）にすべての人間が天の子孫（天孫）であることを世の中に知らせる役割だ。継承されてきたのは人間が地球に生まれた宇宙の原理で、それを盛り込んでいる経典がチョンブギョン（天符経）である。それを適切な時に世の中に現れる役割をするのが弘益人間だ。天孫民族としての義務を果たすためには、弘益人間について明確に理解することが必要だ。弘益人間には「広く人間を利する」という役割としての意味があり、「広く人間を利する人間」という存在的な意味がある。チョンブギョンで本心を持った人間の存在的な象徴が弘益人間で、そういう弘益人間が他の人間を本心を持った状態に作っていくことがその役割だ。

本心を持った弘益人間で満たされた世の中が理化世界となる。これは、人間誰もが心を持った聖人で明るさを追い求めて神になれる準備ができた状態だ。人間がこんな状態に至れるように、古代精神の金尺であるチョンブギョンを継承して世の中に知らせることが天孫民族としての義務だ。このように、弘益人間で満ちた理化世界が古朝鮮の以前、桓因の息子である桓雄が群れを率いて天から降りてきて建てたという神市の姿だ。こうした神市を民族の全体が経験し、その伝統を現在まで受け継いできているので天孫民族と呼ばれるものだ。その証拠がチョンブギョンである。チョンブギョンは人間と天が繋がっていた古代精神の象徴である弘益人間と理化世界、三教会通の根なのだ。

地球には様々な民族がそれぞれの伝統を持ち受け継いできて、それぞれの天に対した立場を持っている。ユダヤ人は「神が選択した民の国」と呼び、中国人は「天の息子の天子が治める国」と呼び、エジプト人は「太陽の息子が治める国」と呼んできた。このように、天から選ばれた民か天の子孫が治める民の国というのが、天と人の間についてある通常の立場だ。地球上で唯一我らだけが「すべての人々が天の子孫」という天孫の伝統を持っている。天孫民族とは、天から降りてきて地上で生きて天に戻っていくという私たちの民族固有の精神である。これはチョンブギョン（天符経）の宇宙進化の原理にそのまま符合する。長い期間、単一民族と白衣民族で象徴される、存在的な純粋性を受け継いでこられた理由であって目的である。

100年余り前、チョンブギョンの出現は、忘れていた天孫民族としての義務を終えなければならない時が到来したことを意味する。この義務は世の中に閉じ込められた人間に天を追う道を提示するのだ。三極が天地人を作って人間を地球的な存在で選択したものと、人間が天の目的に符合しようと世の中を作って運行するというチョンブギョンの教えがそれである。存在的には弘益人間に戻ることで、世間的には理化世界に進む過程となる。人間が弘益人間に戻るためには「萬往萬來」と「用變不動本」、「本心」の段階を通じて返本還原しなければならない。これは人間の意識が世の中から人間に戻り天地人を合わせて弘益人間になる過程だ。そうしないと、三極が合わさる「人中天地一」に至って天に戻ることができない。このために、人間自ら、人間の世間を弘益人間で湛えた理化世界の神市になれるように助けることが、天孫民族の義務だ。

我々は弘益人間と在世理化と呼ばれる宇宙的な進化原理を統治と建国の理念にしている。前者は人間の進化であり、後者は世の中の進化である。この二つの進化が合わさることにより神市が作られ、神が天から地球に降りてきた目的が完成して人間もまた神になって天に戻れるようになる。この精神が受け継げ人乃天、すなわち「人間がすなわち天」と言う唯一の民族となった。これは宇宙が進化の過程を継続するように人間に植えておいた自発的な意志の自由で、人間としての因縁と因果を解いたら天に戻れるという意味だ。人間は天の子孫だから天に戻ることで、世の中で唯一、国が建てられた日を「天が開かれたとき(開天節)」と 言われる理由だ。

チョンブギョンの使い方

相対性と世の中に閉じ込められた意識の限界を克服することは、心で人間の存在性を自覚する道だけだ。そういう訳で、チョンブギョンが人間に本心と人中天地一の段階的な人間像を提示しているのだ。このような意識の転換は、地球という卵の中の世間に留まっている人間を孵化させることで、宇宙は本来の目的どおりに人間を神の道を歩くように作るだろう。この道は心である道を目的とするものではなく、心である道から出発して無の常道に至ることを目的とする。その道は仏•イエス•老子が見せてくれた道で、人間は世の中の信頼ではなく彼らの道をそのまま追い求めなければならない時だ。その道の全体を示してくれる地図がチョンブギョンで、人間が勉強の根を変えて卵から孵化するのを助ける明るさで使われることができる。

チョンブギョン（天符経）には、人間が自ら間違いない（自然）その道を歩かなければならない理由が含まれている。そのため、人間の存在性を一様に持続しない（無常）ことから一様に持続する（常）ことに変えなければならない。このように誤った人間意識の根を抜いてくれるのが神の役割だ。このような宇宙的な神性の原理を完全に含まれたチョンブギョンは、人間が世の中の境界を越えて本来の存在性を回復することに優れた道しるべで使われる。地球が進化の道を脱しないように植えつけた人間の本性が徳だ。人間に、宇宙的な神性の道は地球的な本性の徳が合わさって道徳として存在するようになったのだ。人間が単純に生と死を重ねるよう、地球に生まれたことではないことを自覚しなければならないという意味だ。故に独立した人間として、共存と共生する人間中心の世間を作ろうとチョンブギョンを使用しなければならない。

人間は何千年間も間違った道に入って十分な授業料を出した。もう、世の中の秩序に合わせた人間を育てる教育ではなく、人間に合う世の中を作る教育が必要だ。チョンブギョン（天符経）はこのために学ばなければならないことと学習方法を十分に含んでいる。天地人が三極の必要によって作られ、人間が作った世の中はその天地人の上に着せた模様(文)に過ぎないことを知ることがその出発点だ。チョンブギョンは人間全員のために用意された経典だ。そういう訳で、地球上のすべての文明と宗教から自由な方式で、人間と神の本質が一つであることを述べている。これは人間が存在的に自立した根拠を取り戻すためであり、我々が今チョンブギョンを読まなければならない理由である。

宇宙と人間を結んでくれる一つの原理を通れば、宗教•人種•文明•思想•文化による紛乱を調節できる。このように、チョンブギョン（天符経）は人間が心に従って生きる宇宙的な存在であることを悟るように宇宙が公開したオープンソース（Open Source）だ。この原理と材料で地球が作られ、また同じ方式で人間が作られた。人間の開いている意識はこれを活用して世の中の文明と宗教、文化や知識が創造できた。チョンブギョンで、人間本然の生命力を回復して、無限の創造力を持つ特別な存在だった人間の本来の姿を取り戻さなければならない。我々は心という無限の資源と富の根源である弘益人間の精神を持った国である。それを自覚して、理化世界のための心で他の国々と伝統を共有できるようになったら、古代伝統であるチョンブギョンの原理と思想的な遺産は、我らを保護して未来を明らかにしてくれる強力な力になるだろう。チョンブギョンは、我らの歴史観と文化伝統を正しく定立できる真の遺産だ。これを私たち自ら自覚するなら、宗教ではなく一つの民族が人類全体の歴史の基準になる新紀元を画すことができるだろう。

第1章

チョンブギョン（天符経）の構造的な原理

天 符 經

一始無始一析三極無

盡本天一一地一二人

一三一積十鉅無匱化

三天二三地二三人二

三大三合六生七八九

運三四成環五七一妙

衍萬往萬來用變不動

本本心本太陽昻明人

中天地一一終無終一

チョンブギョン（天符経）の構造的な原理

チョンブギョン（天符経）は全体が81の文字に過ぎない短い経典だ。それでも、その名を通じて天に符合する原理を含んでいることを見せる。チョンブギョンで天は存在を生まれるようにする無と本で説明され、符合する主体は無から生まれた存在たちである。これを基にして天は無により宇宙と地球に分けて、これに符合しべきのそれぞれの存在は地球と人間となる。人間の天は地球の無で、地球の天は宇宙の無、宇宙の天は絶対無である。これを付き従うことが天に符合する天符だ。簡単明瞭なチョンブギョンが難しいのは、人間が存在性についた認識を失い無と本を理解しづらいからだ。これによってチョンブギョンを読むためには適切な基準を定める必要がある。様々な方法の中で最も適切だと思われるのは天に符合する原理の通りに配列された手順をついて行くことだ。

チョンブギョン（天符経）は経典の名であるチョンブ（天符）と81字の経文で伝えようとする内容を全て含んでいる。そういう訳で、天の目的に符合する配列の手順と構造は解釈の体系に重要な道具となる。天の 基準は無である。地球が天に符合する役割を通じて人間を作り、人間は宇宙の目的に符合する「生七八九」の道を歩かなければならない。チョンブギョンの天は天地人の天ではない。地球的な時空の天地人が符合しなければならない宇宙の原理としての天だ。これを通じて人間に天を遡る存在的な義務があることを教えようとしている。その過程が天地人と三極を逆らって太陽を追うことだから進化となる。

チョンブギョン（天符経）は三極と天地人を明確に区分して使用する。天地人は本である三極が天符の目的をため、三極的な属性で作り上げた球的な時空であり存在だ。天地人は三極を模して作られた地球の運行の材料でありながら素地だから三才にとなる。そういう訳で、経文は地球が「無始一」で一始してその無始一の地球に本である三極が生まれ、その後で天地人が落ち着いて万物から人間が選ばれ

「無終一」で一終する手順を持っている。こういうチョンブギョン（天符経）の内容は九つの節で区分できる。この九つの節は一つの運行の原理で繋がって繰り返し、その中で独立した意味で解釈が可能だ。

チョンブギョン（天符経）の運行の原理は「運三」と「四成」である。チョンブギョン（天符経）は真ん中にある六を基準として、地球が生まれて天地人の構造的な運行の結果で人間が選ばれる過程と人間が「一妙衍」して「無終一」になる過程で成り立っている。「運三四成」の原理はこの全ての運行に適用され人間の進化が天の目的によることを説明する。チョンブギョンは天と無の存在的な特徴を通じ、人間が神の道を歩く 宇宙進化の原理について説明するのだ。そういう訳で、人間の立場でチョンブギョンは無から無で始まった地球が三極で天地と万物を作り、その中で人間を天に符合する存在に選択し、運行と循環を重ねって終えるようにする構造である。チョンブギョンの一始して無終一する原理は、宇宙から人間まで同一な原理と存在性で繋がっていることを教えてくれる。

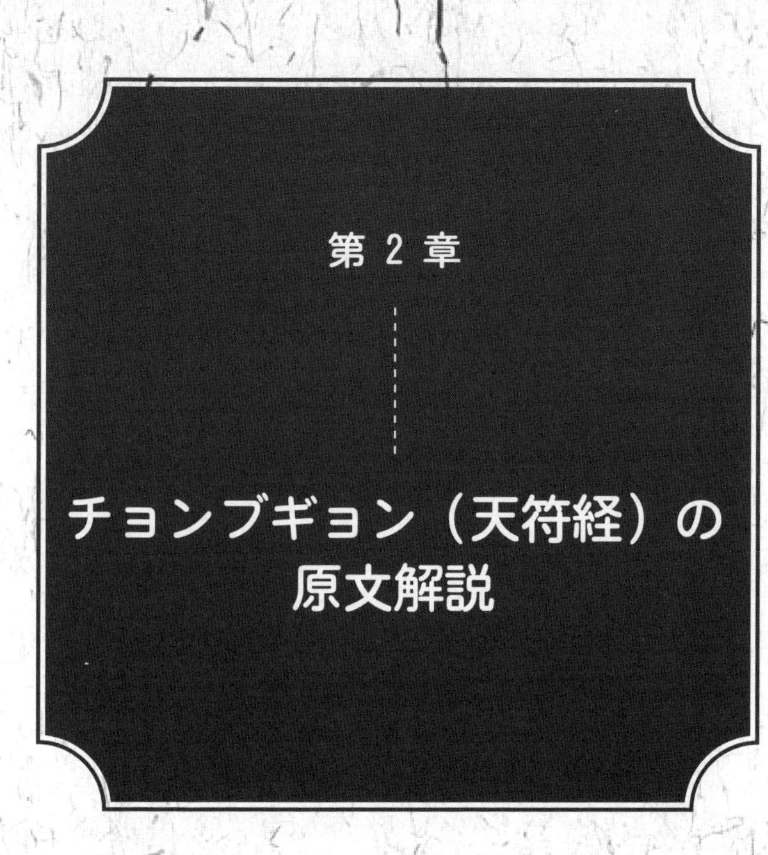

第 2 章

チョンブギョン（天符経）の原文解説

チョンブギョン（天符経）

一始無始一、 析三極、 無尽(盡)本。

一つ(一)が始まり、無で始まった一つ(一)であり、三（つの）極に分かれ、尽きのない本である。

天一一、 地一二、 人一三。

天は最初(一運)は一であり、地は最初(一運)は二であり、人は最初(一運)は三である。

一積十鉅、 無櫃化三。

一つずつ積もって十に大きくなり、箱（入れ）はなくなると三つに化する。

天二三、 地二三、 人二三。

天も二運では三であり、地も二運では三であり、人も二運で三である。

大三合六、生七八九。

三が大きくなって合わさった六が、生まれが七•八•九である。

運三、四成、環五七。

運行は三つにして、四つで完成され、五と七で循環する。

一妙衍、万往万来(萬往萬來)、用変(變)不動本。

一つ(一)が流れることは神妙で、万回行って万回来るので、変わって使われても本は動かない。

本心、本太陽昻明、人中天地一。

本は心であり、本である太陽の明るさを仰ぐと、人の中で天と地が一つになる。

一終無終一。

一つ(一)が終わり、無で終わった一つである。

第 1 節

一始無始一、 析三極、 無尽(盡)本。

一つ(一)が始まり、無で始まった一つ(一)であり、
三（つの） 極に分かれ、 尽きのない本である。

一始無始一、
一つ(一)が始まり、無で始まった一つ(一)であり、

一つの始まり(一始)とは、「ある存在」が初めて現れるものだ。存在しなくてなかった物が新たに存在するようになったのだ。その存在が「なかった時空」で「なかった存在」が生まれることなので、一つが始まった所を無と呼ぶ。これは無である状態で宇宙という「ある存在」が生まれり、その宇宙の無である空間に地球という「なかった存在がなかった所」に生まれりつく過程だ。万物も同じ原理で生まれり、これが始まり（始）と生まれり（生）が繋がる原理だ。チョンブギョン（天符経）は、無始一を通じて「ある存在」の始まり（始）が無に頼っているという事実と、その始まった状態は無であることを同時に規定することから始める。「一始無始一」は宇宙が地球に、地球がまた人間に繋がるのを通じて無が広がって圧縮する原理を示す。これを通じて、人間が宇宙的な無の状態に戻らなければならないこととその戻り方法を見せる。

無から始まったものは宇宙と地球、万物がすべて該当する。宇宙が絶対無から生まれた後、地球と万物が順番に出てきた。宇宙と地球、万物は自己の無の根本である相違の無に頼り生まれて存在することになる。一始無始一の無は「一始して始まる場所と時点」を同時に内包している。すなわち、一始が無から生まれるのと一始が始一した時の状態が無という意味を込められている。無から出て一始無始一することを通じて、「無終一の無」と「一始になる無」が意味的に繋がる。このように宇宙と地球、万物が無で繋がった無なので目的による循環と終わりが可能なものだ。チョンブギョン（天符経）は無から始まった存在が無で終える過程を見せようとする。この過程は、一つの材料を一つの目的に符合する原理で広げて圧縮するもので、これによって選択と集中を重ねて流れていくことなので進化になる。

宇宙の時空とその中の存在を作ったのは「絶対無」である。これが可能な理由は絶対無が時空と存在で一つの状態のためで、この姿が神の象徴だ。そして、このような絶対無の存在性は「一終無終一」の無終一と大きさが違うだけで同じだ。これはチョンブギョン

（天符経）の理解で重要な意味を持つ。なぜなら、「一始無始一」は絶対無が地球という子宮を作ることになり、人間はその中で生まれた絶対無の胎児になるからだ。その胎児が進化の過程を経て「一終無終一」で絶対無と同じ状態で出産され、神として宇宙での生を通じ絶対無になる過程が人間進化の本来の目的だ。そういう訳で、人間が神に似ているといえ、人間がすなわち天であり(人乃天)、人乃天に基づいた我々が天孫民族と言えるものである。そうして人間の進化は心を作り、その心の中に無を得て宇宙に越すことで進行される。それを象徴しようと、チョンブギョンの81の文字の中央に人間を象徴する「六」を置いた。進化ではなく、世間の生を目的とする人間が絶対に自由になれない理由だ。

絶対無が段階的な基盤と存在を必要とするのは進化のためだ。無の自体では進化できない。故に、無の段階的な圧縮を通じて進化に符合できる存在を作ることが必要である。その基盤には宇宙と地球が、進化のための存在には人間(人)が選択されたと、チョンブギョン（天符経）は知らせようとする。このため、最初の文章である「一始無始一」で無の時空と独立の状態を示し、最後の文章である「一終無終一」では無の終わり(終)と自立の状態を示している。一始無始一と一終無終一で無が、「時空としての存在」から「時空と存在が一つ」である状態の存在に意味が変わる理由だ。チョンブギョンはこれを通じて、無が一始して一終することに目的があることを見せる。そして、その目的に符合する存在として人間が選ばれる過程と役割を生の原理で教える指針書である。一始無始一と一終無終一の大きな輪は、人間の天である「地球の無」と地球の天である「宇宙の無」を人間の順次的な目的である天に繋いで、宇宙運行の原理と目的が進化にあることを説明する。生と環の小さな輪は、宇宙から独立された無が持つ存在性を通じ、進化過程の中で起こる変化と存在方式を示している。無から無の状態で始まったことを意味する「一始無始一」は、このための基本の前提になる。

無に基づいていた存在がその無のような状態になる無の進化が、宇宙が存在する理由であることをチョンブギョン（天符経）は示す。宇宙の原理はなかったのが始まって生まれてくる過程を通じて、存在と無を繋ぐ。そういう訳で、終わり(終)や止まり（死=已）を通じた結果もまた、無であるしかない。一つの始まり(一始)は無の順理 に基づいた宇宙的な因果の始まりである。地球も宇宙の目的に符合されるように、地球的な無の順理と因果を作って運行する。一始無始一は「無で一つが始まったということ」と、それが「無で始まる」ということでそれぞれの時空の間の法則を込めている。無始一を通じて、一始というのが、「無」から独立された「新たな無」が生まれることを示している。一始無始一は宇宙が初めて生まれて広がる前の状態と同じだ。こんな過程を踏むことで、宇宙の無と存在が同じ形質と目的、運行原理を共有することができるのだ。チョンブギョンは、一つの始まり(一始)が無から無で始まっている宇宙の生成原理で、地球と万物にもその原理が適用されて人間が生まれたことを示している。そういう訳で、「一始無始一」は一つ(一)が無として独立することで、無で始めたのが自立するためにはそれに符合した過程が必要であることを示す。このような独立と自立の方式が宇宙的な進化の根となる。

宇宙は目的を持って星である地球を作った。地球は宇宙の目的に符合するために万物を作って、その中で人間を適切な存在として選択した。宇宙的な分化の先で進化の対象になった人間は、天である地球と宇宙の無に段階的に戻る原始返本の道を歩むことになる。この過程を経た人間は、時空の存在である地球と違って、無の本来の姿である「時空と存在が一つ」である状態に進化される。これは宇宙と地球が持った違いであって「絶代無」の本来の姿であり、このように宇宙進化の基本方式が人間の繁殖原理と違わないと知ることができる。人間が存在性を持った無になって、地球的な無と宇宙的な無にさかのぼるのは、このように宇宙が生成された目的が進化のためであるからだ。このような原理と目的を、「一始無始一」と「一終無終一」で示してくれるのがチョンブギョン（天符経）だ。この過程を通じて、人間は神の形態に進化して、無終一の状態で存在することになる。無から始まった宇宙と地球、人間が終える原理は同じだ。そして、人間はその中で存在的な繋がりになるのだ。人間の立場から一始無始一は宇宙の目的による進化の始まりだ。人間は一つの時空の中で運行され、成り立って循環する過程の中で「無」としての終を追い求めるように作られた存在だ。この過程は万物から人間そして地球から宇宙に持続するので天符、すなわち天である宇宙に符合される原理としての進化なのだ。

「一始無始一」は進化の始まりであり、「一終無終一」は進化の過程を終えて新たな存在が生まれたことを象徴する。それが「一始無始一の無」と「一終無終一の無」が持った違いを作る。人間はチョンブギョン（天符経）の教え通り、人間の生ではなく人間としての終わり(終)のために生きいかなければならない。このため、無についての立場を定立することが必要だ。絶代無が宇宙と地球、人間を始めとしていた目的とそれぞれの存在の理由を収容するべきなのだ。これが人乃天の思想の骨組だ。一始無始一を通じて宇宙と地球、人間まですべての一つ(一)が無から生まれた同じ根を持っているのを知ることができる。人間はその根で実を結ぶことができる宇宙進化の存在で選らばれた。一始した物が無始一で無の状態というのは、完全に独立されていることを意味し、これは一つの目的を持った存在性を意味するものだ。「一始無始一」は宇宙と地球のすべての存在が同じ目的による統一性を持っていることを意味し、「一終無終一」と繋がってその目的が進化の道であることを明確にする。一つの道と一つの目的を持って、一つの存在性で独立して自立する原理である。地球が万物の中で一つの存在を選ばれ進化している理由と、人間がその対象に選ばれた理由を自覚しなければならない。これを通じて、人間がそれに符合される道を歩かなければならないことを「一始無始一」は内包している。

析三極，
三（つの）極に分かれ、

新たに生まれた一つ(一)は全体が固まった無の状態である。「析三極」は、地球が「無始一」から宇宙の目的に符合される時空への変化が始まった状態だ。析三極で地球は無の状態から三つの属性に分けられ、この状態が地球の本である三極だ。これを通じて、地球の存在性が時空であることが分かる。無の時空だけの地球が、存在を持とうとして三極で天地人を作ることである。無でありながら本である三極が、時空として天地人を運行するから「無尽本」

であり、共に地球で変化と進化の基準となる理由だ。一つの存在はこの本が維持される間は存在性が持続される。「不動本」になると、人間としての本が持続されることも同じ原理だ。このように、析三極は一つの無が三つの属性を持つ状態だ。宇宙もまた無から始まった瞬間には、析三極のような固まった過程を経て広がった。そういう訳で、この巨大な宇宙が目的に符合する本と原理どおりに運行することができるだろう。このように、「無始一」と「析三極」は無である状態の地球でありながら本であり、天地人と人間はその上に存在がある状態の地球でありながら運行(運)だ。これは析三極で、地球が一つの状態の固定性と三つの極で生まれる運動性を持つようになったので可能である。

地球は析三極で三つの属性を持つようになり、初めて宇宙と区分された別の時空になる。析三極で分けられた三つの属性は、地球内のすべての「本」として作用するので「三極」と呼ぶ。三極で宇宙の無と区分される、地球的な無の基盤が整ったのだ。三極が、その無で宇宙の目的に符合する運行のために作られた土台が天地人であり、三極と区分して「三才」と呼ぶ。 三才を作って運行する運三の過程を通じて、存在を中心に地球的な進化が進行される。 宇宙は、始点から目標点に膨張される空間という三つの極と星のため、多重的な時間を持った。 一方、地球は限られた空間と一律的な時間を持ったことが異なる。 しかし、宇宙と地球は無の状態の三つの極である三極で星と人間というそれぞれの存在を持った時空を運行するという共通点がある。 このような宇宙と地球の存在方式と役割の違いが三極と三才の概念的な違いとなる。 「三極」は宇宙的な属性の無であり大爆発が起こる前の丸めた状態と同じで、「三才」は大爆発で膨張が起き宇宙に星が生まれて運行されるのと同じである。

三極は三才を運行して宇宙の目的に符合される役割を果たす。「析三極」は存在がないという点で「無始一」の状態と変わらない。宇宙的な属性をそのまま持つ無の時空で独立されただけだ。三極はその状態で天地人の三才を作り、天地人で運行される地球的な時空の本になる。このように、「析三極」は宇宙の物質である無を含んで独立した地球が、宇宙の目的に符合する進化を始めたのだ。析三極の過程で地球の無が三つに分けられたので可能なことだ。地球を独立された時空にする境界としての「無」と、宇宙的な物質としての「無」、動く空間としての「無」がそれである。故に、三極はまだ無の状態であり、この過程は宇宙が生まれる原理と同じだ。　このような三極の属性は「運三」の過程を通じて天地人に変化される。地球を独立させた境界としての「無」は天になって、分離された宇宙的な物質としての「無」は地と万物になり、動く空間としての「無」の間に定着する。三極の一つの極の間に天地人が生まれ運行されるのだ。地球の無が無の状態に分けられたので天地人を作ることができる。析三極を通じて、地球が宇宙の目的に符合する役割を担当する星に変化された。

析三極は、地球が宇宙の目的に符合する進化過程を運行する出発点である。 そして、運行のための基盤と万物を存在するようにした本だ。 本で定着した三極は運三で天地人の三才を作ってそれぞれの役割を付与する。 析三極の過程があったので、天地人で運行さる時空間が地球に生まれることができる。 「三極」は無である宇宙的な時空間の象徴であり、「三才」は存在中心の地球的な時空間だ。 析三極で宇宙の時間と無が地球に適した形で融合されて、地球的な時空は宇宙の目的どおりに運行することになる。三極は宇宙に星のなかった状態の無と同じで、無で星を作り運行する宇宙的な属性で三才を作って運行する。 無始一の地球は、析三極で本が始まって(始)その本の三極で三才が生まれる(生)。そしてその中で万物が循環することにより(環)人間は宇宙の目的に符合する完成(成)を作る。

チョンブギョン（天符経）は無の「三極」と時空でありながら存在の「天地人」を区分する。そういう訳で、三極のための「析三極」と天地人のための「運三」の過程を明確に区分することが必要である。析三極は地球が宇宙から独立された本を持つ過程だ。一方、運三はその本で天地人の構造を作り地球的な進化を運行する過程だ。運三の中で、「一運」は地球の独立された時空と存在である天地人が生まれるものであり、「二運」は天地人が一つの状態で連動され循環するものであり、「三運」は終わりのために地球が選択した存在である人間の進化に集中する完成(成)の過程だ。宇宙はこれを通じて、人間が天地人と三極が一つに合わせた存在としての無へと進化するようにと願っている。

宇宙は同一な無と多重的で複合的な時間を持っている。この状態では絶対無から一始した目的を達成することができない。そういう訳で、時間を独立的に運行させ同一な宇宙の無にそれぞれの役割を与える。それが地球が作られた理由であり、「析三極」は地球がその無に与えられた役割のための独立敵な運行を始めることを象徴する。これにより宇宙に地球的な時空が生まれ、独立された状態で宇宙と繋がって運行される。故に、析三極は宇宙的な目的に適した構造と時間が地球に定着する過程だ。時間の独立は地球的な変化を作り、これは宇宙の時間と繋がって進化される。このために、地球は 付与された役割に合うように「析三極」と「運三」に自ら変化して、宇宙の進化過程に置かれた小さな宇宙として運行される。このよう、地球的な進化を司る「三極」と、このための時空でありながら存在で運行される天地人の「三才」は明確に異なる。

析三極は三極が一つの状態である原始の地球である。そういう訳で、三極の属性で作られた天地人が連動され運行されるのができる。この点がチョンブギョンが持っている三極思想だ。時間が経つにつれ三極と天地人を同じものに混用し、人間の思惟は運三が起こる天地人の三才に閉じこめられた。これにより、太極と陰陽などの変化的な概念を中心に存在する原理を追い求めるだけで、地球と人間が存在するようになった理由とその目的である存在的な進化については忘れてしまった。そういう訳で、天地人である時間•空間•人間がすべて三極の間の空間で起こる理由が理解できなくようになった。そして結局には、人間の存在的な目的と役割もまた忘れてしまった。析三極で分ではなく析を使用したのは意味的な違いを示すためだ。「分」が完全に分離された別の状態の分かれであれば、「析」は分離されたものではなく付いた状態で割ったものを象徴する。一つの状態で分けられたのを示すために析を使用したことだ。天地人は分の状態で連動される一つで、三極は析の状態で一つになる。分離された天地人が三極で繋がっているので変化と進化が可能なのだ。

無尽(盡)本。
尽きのない本である。

「本」は存在のない「析三極」の状態の地球で、無の状態だ。地球に始まり（始）と生まれるの（生）が可能なのは、析三極で宇宙と独立された本を持つようになったからだ。その本に尽きがないてこそ生存が可能で、変わりがないてこそ目的どおりの運行が可能である。故に「無尽本」は変わりと尽きのない本の特性を地球が持つようになったことを意味する。そういう訳で、生まれること(生)と重なること(環)が起こる天地人の運行が一途に持続されることが可能だ。「無尽本」は宇宙的な目的どおりに運行される本の特性であり、その目的は天地人を通じた存在的な進化になる。地球の本が無の状態なので、天地人の「一積十鉅」が地球の大きさと同じになるのだ。また、天地人としての構造的な変化は地球的な本が持つ無の変化なので、本に影響を及ぼさない。宇宙的の目的に符合する運行に適合するよう、本の上で構造的な変化を経るだけだ。

地球は本を持つようになる過程で無が三つの極で

定着し、その中の一つの極に天地人の構造を作る過程を経る。「無尽本」はその過程で本の形質が一途で、運行される構造と目的は持続することを意味する。これは「不動本」と「本心」、「本太陽昂明」の進化段階的の特徴と繋がる。これはそれぞれの進化段階で持つ本が変わったり、尽くして止まらないことを示している。このように、「七」である万物としての本と「八」である人間としての不動本、「九」である我としての本心がそれぞれの段階で無尽本で作用する。これを通じて、進化に必要な上位段階の本を提示してくれる。それが可能なのは、本が宇宙の無で始一したからだ。地球的な変化は「見えるもの」と「見えないもの」で満たされた地球が内部的な進化を運行するためだ。本が天地人の三才を通じて「櫃」と「化」を重ねて進化させることがそれである。そういう訳で、本は地球の時代的な状況、存在の数と関係があってはならない。このような地球的な進化が宇宙的な時空と繋がっているので、尽きなく持続されることを「無尽本」で説明する。「無尽本」は地球の質量と大きさに変化がないことを意味し、本が生まれた根である時間が止めずに持続されることを教えてくれる。

地球的な時間が始まったことにより本が作られ、その本が天地人の運行構造を作る過程で「一積十鉅」の型質的な変化が起こる。進化的な存在の人間も一積十鉅の構成物である。その中で「用変」する形態や内容、進化段階が変わることになる。だが、宇宙で本を持った一つ(一)の根本の値は一途で、その目的もまた変わらないことが無尽本だ。これを通じて、地球と人間の存在目的に応じた役割が持続されることが分かる。地球と宇宙を動かす摂理は違わないものであり、それぞれの存在的な目的と役割に符合される運行が一途に持続される。このような原理による存在的な進化で人間が「本心」を持つようになれば、人間もまた我で循環される「無尽本」の状態になる。これによって、万物と人間を我で循環するように進化させることが、地球的な本の役割である。また「一終無終一」を通じて、これらの無尽本が宇宙の目的である進化のためというのが分かる。このため地球は本で天地人を作り、人間が心を本で備えられるよう一途に持続してくれる。チョンブギョン（天符経）は、無尽本で人間の進化が終わるまで本が同じ過程を継続することを示してくれる。人間が選択の余地のない進化の道に置かれていることを悟らせようとするからだ。

第 2 節

天一一、 地一二、 人一三。

天は最初(一運)は一であり、地は最初(一運)は二であり、人は最初(一運)は三である。

天一一、地一二、人一三。

天は最初(一運)は一であり、地は最初(一運)は二であり、人は最初(一運)は三である。

「天一一地一二人一三」は運三の中で一運に関する説明だ。一運は地球的な時間により本である三極が天地人の三才を作り、三極的な属性を天地人に変える過程だ。一運はこのため、三極が象徴する宇宙的な時間と三才が象徴する地球的な時間が混在している状態だ。この過程を通じて、地球は小さな宇宙としての構造を持つようになり、二運で大きくなって合わさりその役割を修行できるようになる。天地人は三極の一つの極に運行の基盤と対象が生まれたのだ。地球的な時間が三極の属性で天地人という独立された時空を作ったのだ。「本心」で起こる「人中天地一」の天地が、天地人の天地ではなく三極の他の二つの極になる理由だ。これは、宇宙の目的が地球の三極で「無終一」の存在を作ることにあるからだ。時間が持つ方向性と循環性も、宇宙の目的が進化であることを示している。一運はこれに符合する地球的な時間の方向性を持つ過程だ。

「三極」と「三才」が同時に存在するようになったのは、地球が宇宙的な目的のための星に選ばれたからだ。 三極の状態では進化が起こることができない。 進化を修行する存在がないからだ。 そういう訳で、地球は一運で進化に適した時空の土台と存在を備える。 運三は天地人をこれに適した状態にして、存在的な対象を選ばれ進化させる過程だ。 「一運」で地球的な時空と万物を作って、「二運」で安定した時空で万物の中で人間を存在的な進化の対象として選択し、「三運」で人間の自体的な進化過程を経るようにする。 運三で天地人が運行されている目的は「無終一」の「四成」にあり、人間が終わる前の運行方式は「環五七」である。 このように、一運で三極を基盤として、宇宙の目的に符合する地球的な時空と存在が作られる。 これを通じて、進化の運行主体が宇宙から地球に転換される。

一運は天地人が三極と三才の両方の属性を持っている状態である。三極でありながら三才であり、宇宙と地球が一つの原理と目的に繋がる過程だ。宇宙に繋がっていない変化とは存在しない。地球が一運の過程で宇宙との連結過程を経ることにより、地球という独立された時空の運行が宇宙の目的に符合するようになる。宇宙のすべての過程と存在は一つの無で繋がれ、地球の無も本来の宇宙の無だからだ。故に、一運は地球が析三極の状態から天地人に運行構造が転換される過程だ。そういう訳で、天地人が三極の属性を持つようになり、地球的な本の目的に合わせて運行される。このように、宇宙と地球の時空が 繋がれ連動することにより、地球で宇宙の時間に応じた進化が始まる。一運で運行主体である本が無で運行の構造と対象である天地人を作ったので可能なことだ。

「天一一地一二人一三」で、中間の「一」は運三の最初の過程であることを意味する。一運で地球的な進化のための時間(時)が生まれ、その時間により天地人の順番と役割の基準が設定される。時間が一番最初に生まれるのは、時間がなければどんな変化や進化も起こることができないからだ。時間は変化を作り、その時間の流れに従うことで進化が進行される。この時の時間とは、宇宙の複合的で多様な時間から独立的なものでなければならない。そういう訳で、宇宙はそれぞれの星に独立された時空と存在を作る役割を付与することで、宇宙の目的に符合するそれぞれの進化を行わせる。これによって、地球にもその目的に符合する時間が生まれ、宇宙から独立した状態の運行が行われる。チョンブギョン（天符経）は一運で「一」、「二」、「三」の順番的な配列で時間とその方向性について述べている。時間は宇宙と触れ合った地球的な天から始まり、地球的な存在までたどり着く。

時間は三極のそれぞれの宇宙的な性質を天地人という地球的な形で定着させる。地球が宇宙の時空に存在する星であるように、天地人の三才は三極の時空に生まれた星のようなものだ。三極と天地人の最大の違いは存在にある。順番的に宇宙と区分するための天が最初に生まれて、その中で物質が縺れて地が二番目に生まれ、万物はその間で三番目に生まれる。こういう時間の方向性は、天地人が生まれた目的が存在の万物にあることを示している。一運は進化の基盤と多様な存在が宇宙的な目的によって生まれることに意味がある。一運で二運と区分しないで「人」を使用することは、万物から人間が出てきたことを象徴する。このように運行された地球的な進化の結果が人間(人)であり、天地人の三才的な進化の結実が人間の心であり、その天地人を作った三極の残りの二つの極がこもるのが「人中天地一」になるのだ。

地球は一運を通じて、宇宙の目的に符合するように天地自然の機能的な構造を備えた。この時の天地人は、それぞれが個別的に存在する構造的な完成であるだけだ。宇宙の目的に符合するための変化の過程だけで、進化的な運行が起こるわけではない。一運で基盤と対象の万物を作り、二運でその目的どおりに運行して万物が大きくなり人間に合わせる。故に、一運が起きて備えた数は個別的な天地人だから「三」になり、これを通じても一運の目的が「三」の万物にあることを知ることができる。流動的な宇宙の時空の中の存在である星は存在的な進化が不可能だ。これとは異なり、地球の天地は固定しており、その中の存在である万物は存在的な役割が固定しているので進化ができる。このように固定した時空と存在を持つことによって生まれた安定性が進化を可能にするものである。

第 3 節

一積十鉅、 無櫃化三。

一つずつ積もって十に大きくなり、
箱（入れ）はなくなると三つに化する。

一積十鉅、
一つずつ積もって十に大きくなり、

「一積十鉅」は三極が天地人を構築する過程と、拡張の可能な地球の大きさを示している。 一積十鉅の拡張が無の状態で起こることなので、地球全体と同じになるまで続くからだ。 これを通じて、地球の大きさが十であることが分かる。 そういう訳で、一積十鉅は地球の進化過程の基準になる。 地球が「十」だから運三へと進化する存在の大きさが「九」なのだ。 「一積」は万物が独立したそれぞれの存在としての役割を持つことを意味する。 「十鉅」はそれらが混ざり合う状態の表現だ。 そういう訳で、一積十鉅は万物が平等な存在であるという意味を含んでいる。 一積十鉅は、宇宙と相接するまで天地人が拡張され構造的に完成した一運の結果だから 、二運より 先に出てくる。このように、一運が地球全体の質量と大きさを確定する時間の直線的な流れであれば、二運は時間の循環だから天地人が大きくなって合わさる過程が可能だ。 構造化された天地人が大きくなって合わさる過程を通じて、時間の直線と循環が一つになり、三運の運行を通じて、宇宙に向かって進化することが可能となる。

「一積十鉅」は三極から生まれた天地人の大きさと地球的な進化の基準である。チョンブギョン（天符経）は、地球に地球の数である「十」より大きいものは存在できないと教える。 運三の過程で最大の数が「九」である理由だ。 「九」を超えて地球の数の「十」と同じになると、地球的な限界から脱した宇宙的な存在になる。 そういう訳で、一積十鉅の「十」である地球的な土台の数に基づいて、運三の進化の数である「一」から「九」が同じ基準で積まれ進化するのだ。 一積十鉅と運三で三極の数は「十」になり、天地人の三才の数は「九」であることが分かる。これにより、天地人が 一つである状態で進化した「本心」は九になり、三極が一つである状態で進化した「人中天地一」は十になる。 一積十鉅は、地球が「見える無」と「見えない無」でいっぱいに満たされた状態であり、これは人間が無でいっぱいに満たされて宇宙と接する人中天地一の姿と同じだ。三極と三才が混在した一運の一積十鉅は、運三と共に地球が進化のための時空である根拠となる。

チョンブギョン（天符経）にはゼロ(0)という概念がない。既に存在していることのに詰めるからだ。「一積十鉅」で終わりが完成された十(10)を扱うことで、ゼロ(0)が持つ完成と始まりという無の属性を見せている。これを通じて、地球の数である十が宇宙では新たな出発点であることを示して、人間が「一終」すると「無終一」で新たな存在になる理由を説明する。チョンブギョン（天符経）は地球が完全になった形状を「鉅」で表現している。鉅は、積んでいくことで「一から十まで全体に大きくなること(巨)と、その形状と役割が占め鉄のように変わらず固まること（金）」を意味する。一積十鉅は本の三極が一運の過程で天地人的の土台で変化したものである。この土台の上で、万物は「無櫃化三」の方式により運行される。チョンブギョンは一積十鉅を通じて、人間が運三で「九」に至り無終一して一つの無になると持たせる数として「十」を提示することだ。地球の大きさと存在性の基準を一積十鉅で見せてくれることで、「九」に至った人間に終わりの機会が与えられる理由を示している。

一積十鉅は地球的な進化のための過程である。これによって、宇宙が地球に与えた進化の基準と宇宙で地球が持つ大きさと存在性を規定する。チョンブギョン（天符経）はこのように、地球的な存在の限界とそれを克服する過程を示すことにより、宇宙的な進化を伝えるための経典であることを明確にする。十は地球が宇宙で起こっている最も小さな進化の単位であり、進化の出発点であることを意味する。そして、人間が十で終えることが、より大きな宇宙進化の過程に入るためであることを無終一で示す。そういう訳で、人間が一積十鉅の過程を経て「十」になったら、その後の数は「十一」から始まるだろう。地球で十より小さい「九」までは止まれば(死=已)、地の「五」に戻り再び生まれなければならない。九までの止まりは十の終わりに至れないことで、環はその機会が再生されることを意味する。一方、「人中天地一」の十で終えると本来の目的どおり宇宙の無に戻る。一積十鉅はこのために定着した地球的な土台で、その土台の上で起こる運行方式が「無櫃化三」である。

無櫃化三。
箱（入れ）はなくなると三つに化する。

「一積十鉅」が天地人の構造的な拡張であれば、「無櫃化三」は天地人の構造的な循環である。循環の基準は「櫃」、すなわち見られる無で時間を含んでいる体だ。無櫃化三はこの櫃の生まれることと、なくなって戻る消滅の方式だ。「一積」は櫃と無櫃に繋がる存在的な区分であり、「十鉅」は化三が起こる基盤である。無櫃は明らかになった存在的な区分がなくなる変に関するものであり、化三は形質が全く変わる化に関するものである。櫃は「万物が形状を持っている状態」を象徴する。「析三極」の材料（木）である無で作った箱（匱）が万物であることを述べている。そういう訳で、無櫃の無は櫃が無に戻ることを意味する。無櫃で存在性が消えると、化三を通じて本来の来たところに戻る。これは天地人の中、無で櫃が作られ、無に帰することの繰り返しを意味する。そういう訳で、櫃化は地球的な進化過程のチョンブギョン的な表現になる。

化三は万物の櫃が天地人、すなわち「一積十鉅」

の一運に戻ることを意味する。宇宙と地球が繋がった状態の天地人（三）に戻ることは、万物が宇宙的な目的により生まれたからだ。この過程を通じて、万物は一運で新たな時間を与えられ生まれる。化三は「大三合六」と「環五七」に繋がれ、万物と人間が同じ三の存在であることを説明する。万物は「三」に戻ることを重ねて地球的ながら宇宙的な属性を持つようになる。また、化三は生まれた櫃に含まれた無の記憶と時間を一運の無に詰める。地球は化三で足せた無の時間と記憶を進化に活用し、進化段階に応じて無櫃化三と環五七を区分して適用する。そういう訳で、万物と人間は宇宙的な進化という目的性を失わないようになる。無始一で独立した地球は三極を本で自立した。そして、天地人で宇宙の目的に符合する終わりの対象で人間を選択する。

無櫃化三は、三極で自立した地球が天地人を通じた進化ができるようにする循環の方式だ。無櫃化三は地球の中の存在の循環に関する基本原理である。それが二運では「大三合六」で人間を供給することになり、三運では人間を循環させる「環五七」になる。その過程の中、一終するまで万物と人間が間違いなく一運に戻って時間を与えられるのは無櫃化三の原理に従う。このような無櫃化三の循環から抜け出す方法は終わり（終）だけだ。チョンブギョン（天符経）が死を象徴する単語を使用しないのは、無に基づいた宇宙には死がありえないからだ。櫃に入れられた無が櫃が消え、本来の無になることだけだ。このような過程と状態が無櫃化三である。この戻りの無が地球的かそれとも宇宙的かにより、循環と終の違いがあるようになる。無櫃化三は、止まり（死=已）を通じた循環の形態を示すことで、無の存在性について教えてくれる。

チョンブギョン（天符経）は一運の「無櫃化三」と二運の「大三合六」で、万物と人間に三運の機会が公平に与えられることを示す。化して「三」に戻り時間を与えられ合六で人間として生まれるのは、万物と人間が違わないからである。進化された人間が作られた後にも、万物に地球的な進化の機会が開かれているという意味だ。この時の進化は生物学的なものではなく、宇宙的な進化となる。化三に分別せずに三に戻ることと、人間の循環である「環五七」が合六に繋がっている理由だ。このように、

三運の 体（櫃）は二運の天地人と型質的に連動されたものなので「五」に戻るが、 体が生まれる時間は一運から受けることなのでそれが可能だ。

化三は宇宙と連動した時間を受ける過程である。このように与えられた時間が櫃で生まれた存在が持つ有限な無だ。 生まれた存在を作った無は、それを入れている箱（櫃）がなくなると、再び本来の無に戻る。 地球の本は化三で進化の持続性を維持することができる。 万物のない「三極の無」と万物でいっぱいの「三才の無」は、このように無櫃化三で繋がって作動する。 これは地球と人間が宇宙の目的に符合する過程から抜け出せないからだ。 そういう訳で、無櫃になると二運の地の「五」に戻り、化して一運の「三」に散らばって、再び三運で「六」と組み合わされ「七」に生まれる運三で人間の進化が作動している。 チョンブギョン（天符経）が無櫃と化三を順番的に配置したわけだ。

第 4 節

天二三、 地二三、 人二三。

天も二運では三であり、地も二運では三であり、
人も二運で三である。

天二三、 地二三、 人二三。

天も二運では三であり、地も二運では三であり、人も二運で三である。

運三の第二の運行である二運に関する説明だ。 一運が天地人への拡張を通じた構造化の過程であれば、二運は天地人が本の目的に符合する運行しように統合される過程だ。 「天二三地二三人二三」の「二」は第二の変化の二運を、「三」は一運の天地人と万物を意味する。 そして「大三合六」を通じて、二運のそれぞれの大きくなった天地（二）が万物の三で合わさって六になることを示している。 二運は個々の天地人を構成する一運の過程が終わった後、交流と循環を通じて一つの状態に合わせる構造化の過程だ。 二運の過程を通じて、進化的な目的に符合する運行が可能になったのだ。 これによって、万物が地球的な進化のため、一つの存在に圧縮される。このように圧縮された存在の人間は、時間の方向性による大きくなること（大）と、時間の循環性による合わせること（合）の性質を持つようになる。 進化のための固定された基盤と対象、運行原理が二運で完成するのである。 この以来、天地人の構造と役割は変わらない。 時空に宇宙の目的に符合する方向性と流れが安定されたからだ。

一運が時間を通じた分かれの過程であれば、二運は空間を通じた地球的な統合の過程である。 一運で時間の流れを通じてそれぞれの天地人が定着し、二運で時間の循環を経た天地人は一つの状態で作動する。 一運で三つに分化した状態だった本が、再び一つ(一)の状態に合されたのだ。 本の三極に符合し流されてる天地人の道理とその中の循環である因果が、自ら間違いなく（自然）行われるようになる過程だ。 このような過程で、地球は一途に持続し、万物が生きていく小宇宙に完成された。 これが地球的な運営体系の天地自然であり、地球の独立した時空が生命を育て上げられる大人になったことを意味する。 その結果として、三極の時空で三才が生まれ独立したように、三才の時空では人間が独立した。

「一始無始一」で宇宙から地球が独立し、「析三極」で自立する。そして、三極は一運と二運を経て、天地人から人間を独立させ自立できるように作る。これが地球的な進化の方式である。地球が一運と二運で独立と自立の分化と統合の過程を経たから、天地人の運行が一つの方向に続くことができる。一運の時間的な直線が、二運の時間的な円となり、三運で一つの選択された存在が直線と円で組み立てる進化の方向性を持つようになったのだ。このような過程が運行の主体に変わりを作る。一運の主体は三極で、二運の主体は天地人、三運の主体は人間に変わり続く理由だ。一つ(一)が始まり、始まった一つ(一)が三つ(三)になり、三つが再び一つ(一)になって無で終えることがチョンブギョン（天符経）の運行原理である。この過程で、無で終えることができる地球の唯一の存在が人間となったのだ。二運は地球的な進化が持続され現れる恒久的な時空間を作った。これを通じて、時間を含んだ空間が地球的な進化の時空で定着した。そういう訳で、「環五七」で空間的な結実でありながら循環を象徴する体（櫃）は二運に戻り、一運で時間を与えられ戻ってくるのである。

「析三極」で分けられた地球は、二運で統合した時空で天地人を完成する。 二運で初めて天地人が一つに連動した基盤になったのである。 このように形成された天地人には、「天一地二人三」の一運の順と二運の循環により四、五、六の数が割り当てられる。 二運の人二三が象徴するのは人間（人）である。 この過程を通じて、万物が進化的な意味を持つようになり、人間が万物の中で進化の主体に定着する。 その根拠は「大三合六」で見つけることができる。 これは二運の三である万物に天地が合わさったことを象徴する。 この原理は、「本心」と「人中天地一」でも同じ原理で適用される。

二運が一運の順序的な配列に基づいて「天二四地二五人二六」ではなく、「天二三地二三人二三」となった理由を調べなければならない。 それは一運が三極から天地人が生まれる過程で、二運はすでに存在している天地人の統合過程であるからだ。 誕生と誕生したことの構造化と呼ばれる過程的な違いを示すのだ。 その統合の主体は天地人の三才の三であり、その統合の対象は人一三の万物の三である。 そういう訳で、順次的な一運とは異なって二運は天二三地二三人二三と表記して、天地人がそれぞれ本の三極の属性を持たれることを示している。 共に、一と二である天地が、その間の空間に存在する万物の三を大きくして合わさることを示している。 地球は宇宙的な目的の進化のために生まれたものであり、その進化の対象は天地ではなく万物（三）であるからだ。 故に、天二三地二三人二三で三が大きくなって合わさった基盤としての六が、三である万物を大きくして合わせ存在としての六の人間に存在的な進化を行なうことになる。

第 5 節

大三合六、生七八九。

三が大きくなって合わさった六が、
生まれが七•八•九である。

大三合六、
三が大きくなって合わさった六が、

「大三」の「三」は、基盤の天地人とその対象の万物を指し、「大」はその天地人が大きくなるのと万物を育てることを意味する。「合六」はそれの結果として、大きくなって合わさった状態の天地人と万物を育てて合わせた存在としての人間を象徴する。「大三」とは三極が一運と二運の過程を経て、一つの目的を持った天地人に大きくなったものだ。それぞれの天地人の三才が、他の二つを含んで三に大きくなる。大きくなるということは天地人が完全な一つの状態で重なったもので、地球が一つの目的で運行されることを意味する。この一つの目的は宇宙の進化過程に符合する存在的な進化である。このため、天地人の基盤が大きくなって(大)合わさること(合)と、進化の対象を育て(大)合わせること(合)が、「大三合六」の意味だ。そういう訳で、大三は合六と繋がって存在的な進化について説明し、その対象が天地人の中で唯一の進化の存在である三の万物だと指し示す。その万物が天地を含んで大きくなって合わさり進化的に独立したから六になる。また、二運の「大三合六」は天地人が万物を持続的に六の存在に合わせて重ねることを示している。

時間を通じて三極が天地人を作ったのが進化のためであることが分かる。 これを説明する過程が運三である。 一運と「一積十鉅」で時間の直線的な特性の積み重ねることを、二運と「大三合六」で時間の循環的な特性の育てること(大)と合わさること(合)を示している。 その結果の三運の「生七八九」で時間の直線と循環性が一つで作用し、人間の存在的な進化が運行するのだ。 これが、一運の独立した天地人が、二運で「六」に大きくなって合わさる理由だ。天地人が作られる過程の一運の数は「三」で、その天地人が合わさった二運の数は「六」になる。 これによって、天地人を作った三極の象徴数は「三」になり、完成された天地人の三才の象徴数は「六」になる。 このような原理で、「六」は万物の三の進化の結果であり、「九」は六の人間が進化した結果になる。 地球が生まれたのが宇宙の目的に符合する存在としての進化のためであり、三の万物が大きくなって合わさった六が人間を象徴する数であるからだ。そういう訳で、合六である天地人の上で合六の存在で生まれるのが人間だと分かる。三極は二運で天地人の三つ(三)を一つの状態の「六」に、天地人は三の万物の中で人間を「六」である進化の代表に作った。

一運の「天一地二人三」の順序により二運の状態で天は「四」、地は「五」、人は「六」になる。 本の三極は「大三合六」で万物の中で、たった一つの進化対象を人間に決定した。 人間が万物と異なり、天地を自分の中で合わせることが可能な理由だ。 その合わせの基盤が「合六」で作られた心の基盤で、過程的な合わせの状態が「本心」、終わりに合わさったのが「人中天地一」である。 合六は地球に終わりの基盤とその対象が「六」で揃った状態であり、故に「六」の天地人は終わりのため一つ(一)の状態で運行される。 この過程の中、六の人間が「一妙衍」して天地人を合わせると心を持った「九」となる。 大三合六で人間が生まれた原理により、人間が三変する「大六合九」で「本心」が作られる。

天地人は大三合六で一つの目的を共有することになった。「一」の天と「二」の地が大きくなり「三」の万物に合わさって「六」になるものでもあるからだ。

大三合六で宇宙の目的に符合する進化のための基盤としての「六」と、その対象としての「六」を備えることが仕上がった。 これが「三」が大きくなり合わさって「六」になる意味である。 一運で個別的な存在であった万物は、二運で天地を含んで人間を独立させた。 このような方式で独立した人間が自立することが「九」である。 このようにチョンブギョン（天符経）は「三」の万物と「六」の人間を進化的に区分する。 そういう訳で、チョンブギョンは宇宙の目的に符合する地球的な進化が、「一積十鉅」で大きくなることと分化した物が合わさることを重ねて本に戻る過程と説明する。 チョンブギョンが大きくなることと合わさることを象徴する基盤でありながら存在の六(6)を81字の中央に置いた理由だ。

三(3)から六(6)に、六(6)からまた九(9)での存在的な進化は宇宙の目的に符合する地球的な進化過程である。 地球が「一積十鉅」で天地万物を作り、「大三合六」で万物の中で人間を選択する過程を経る理由だ。 故に三が進化の対象として選択される前の人間を含む万物であれば、六は櫃化の過程を経て本である心のための基盤を持つ人間を象徴することになる。 だが、大きくなり合わさった状態の六は、万物すべてが終わりに挑戦できる状態に置かれたことだ。それが「合六」の人間と「生七」の人間が持つ意味的な違いだ。 生七した人間だけが、進化のために天地を活用できるようになる。 合六した以後には、「十」に至る旅程だけが残る。 万物が人間を象徴する数の「六」に合わさて、「生七」で象徴される人間で生まれればその機会を得ることになるとチョンブギョン（天符経）は言う。 このように六の状態を共有する人間と万物は違わない。 万物は人間の進化過程で母と同じ、人間は「不動本」を持てないとその万物に戻って行かなければならない。

生七八九。
生まれが七•八•九である。

「生七八九」が運三の中で最後の三運だ。 三運は地球的な進化の基盤と対象の人間が一つの状態で、宇宙的な目的に符合しようと終わりに挑戦する過程だ。「七•八•九」は生まれた人間の存在的な進化過程を象徴し、「一妙衍」の過程的な特徴と繋いでその基準を察することができる。 二運の過程を通じて、天地人が完成され進化の基盤と対象の運行方式が決定された。 生七八九は人間としての生を生きていく過程で、生の循環が度重なることを意味する。 つまり、二運の天地人の上で終わり(終)に挑戦する人間の進化過程なのだ。 故にチョンブギョン（天符経）で「生七八九」は万物が人間で運行される最後の進化過程だ。 「三」の天地人で起きた大三合六の過程が、「六」の人間の中で起こる過程だ。 生七八九は人間が地球の順理に従って「七」と「八」の過程を経て「九」まで大きくならなければならないという意味である。 合わさった「六」で生まれた唯一の進化的な存在で、「十」の地球で人間として大きくなれる最大の数が九だからだ。

「一妙衍」の過程で「十」の「人中天地一」のための過程は地球的な進化ではなく、宇宙的な進化過程である。 このため、一つの生で「七八九」をすべて繋ぐこともでき、「生七」、「生八」、「生九」するそれぞれの輪廻的な段階を踏まなければならないこともある。 万物は三極から出てきた物だから十鉅の「十」より大きくなれない。 進化の目的はその限界を克服するもので、これが可能な唯一の存在が人間である。 十に至り無で終えるのは十の地球的な境界を越えて宇宙の無の状態になるのだ。 人間の生七八九は「十」で終えるのができないとまた循環の環に戻らなければならない。 その循環の環で過程的な結実に応じて生まれることの機会に差ができるというのが「七•八•九」の意味である。 この過程で「七」は天の時間による運行に伴う存在に過ぎ、その過程を経て地の上に根を下ろせば「八」になって人間として循環することができ、存在的に本を自覚すると心を持った「九」になり我で循環するという差ができる。

チョンブギョン（天符経）は宇宙と地球、万物と人間に共に適用される一つの原則を教えようとする。それは万物の全体に適用される生存と進化の基本法則で、万物と人間が止まらず進化しなければならない理由を説明する。 このために地球は基盤と対象を順次適に進化させる過程を経るものである。 同様に人間にも七•八•九の進化的な区分ができる。このように「生七八九」は生を進化のため使用することにより、「七•八•九」の進化的な段階を踏んで行かなければならないことを示している。この段階を 踏んで行くことに「七」は万物の本能を活用し、「八」は人間の感情を活用し、「九」は我の心を活用することが「一妙衍」の進化だ。 すでに始まった中で生まれた存在は、終わり(終)という義務でありながら権利である生の繋がりから脱することはできない。

一始の立場から「生七八九」は二運までの過程と区分される生まれること(生)である。 合六が一始の立場に符合する存在を作るのであれば、生七八九はその存在が生で進化の目的に符合していくのだ。 合六の人間が人間としての始めての進化段階に置かれるのが「七」である。 これは「環五七」でも知ることができる。 「七」は万物の立場で循環するので「六」の状態を共有する。 故に再び人間と生まれることは保証されない。 このような過程を繰り返して人間は「七」の過程を経て「八」と「九」へと進化し、ますます「十」に近い状態で生まれることになる。 そういう訳で、生七八九は人間の存在的な進化過程の運三である。 人間は「九」の状態で生まれれば「十」に至ることが容易い。 そういう訳で、人間の進化段階的な違いで使われる「七八九」は人間の根機的な差を現す。 このような生七八九の進化の旅は、その特性により人間の存在的な状態で区分して説明することができる。 「七」は万物としての人間で、「八」は人間としての人間で、「九」は大人としての人間で、「十」の人中天地一は神としての人間になる。

人間は万物と異なって「環五七」と呼ばれる別の方式で循環する。 これは人間という存在が進化的に重ねなければならないからである。 その生まれるのを決定する立場が万物であれば「七」、人間であればば「八」、我であるば「九」となる。 故に環五七と繋がった「生七八九」は人間が「環五七」から脱して「環五八」、または「環五九」する必要があることを提示する。 「七八九」は「三」から「六」になる過程を人間の中で経るものである。 故に人間に生まれれば万物の時の競争本能を捨てて、人間として進化する生を生きることが必要だ。 「六」は草が区分なく茂った野原で、「七」は茂った草を除去して基盤を磨いていくもので、「八」はその基盤に家を建てていくものと同じだ。 「九」は心で完成したその家を飾りながら完成させる過程である。 これが合六と生七八九で人間が心という天地を入れる家を作っていく過程だ。 人間は十に近い状態で生まれるため、生と環を目的ではなく機会として進化しなければならない。 これは人間が「本心」を作る過程であり、不変する心の特徴である。 そういう訳で、終わりに至った人間である神を仕える宗教がすべて心について話す。 仏はこれを「仏性」と呼び、イエスは「君の中の神様」と呼び、老子は「道」と呼んだ。

第 6 節

運三、四成、環五七。

運行は三つにして、
四つで完成され、
五と七で循環する。

運三、

運行は三つにして、

運三は「運行する三と三回の三運」を意味する。「運」は持続する時間的な流れであり、「三」はそれの対象である。「三」は地球的な進化の観点からは天地人で、存在的な進化の観点からは万物になる。そして、この二つの「三」が運行する過程では三回の段階を意味する。このような段階的な過程で、進化の基盤である天地人の「三才の三」と進化の対象である「万物の三」が一つの状態で運行されることが運三である。チョンブギョン（天符経）は運三の段階ごとに、その運行に応じた結果と組み合わせられている。一運から天地人の三つが生まれて「一積十鉅」で拡張して「無櫃化三」で循環する構造を持つようになる。二運では拡張された天地人（三）が一つで循環しながら万物を育てて合わせ、その代表の人間（六）を進化の存在に作った。三運は人間が宇宙の目的に符合する一つの道を、合六の天地人の上で生七八九で経る過程である。

チョンブギョン（天符経）が「三運」ではない「

運三」を使用するのは次につく「四成」と意味的に異なるのを示すためだ。 運三が地球的な時空と対象が運行される過程であれば、四成は運三を含む四回と呼ばれる過程と四番目で出来上がる結実を意味する。 これは三回の運行と四番目の完成に繋がるが、お互いに独立した状態で作動していからだ。 運三で繰り返す過程に四成で結び目を作ってくれるもので、これが進化過程に違いと繰り返しを作る原理だ。運三の基盤と対象の変化過程を通じて四成の進化的な完成が繰り返すのだ。 運三の運行対象の天地人の基盤で進化的な存在は「三•六•九」で三回運行する。これは宇宙の目的に符合するように地球の時空を備えていく過程で、進化的な対象がその地球的な時空を一つずつ抱いて進化する過程である。

最初の運行（一運）で三極の時間を持った天地と万物が作られることで運三が始まる。 二番目の運行（二運）で天地と万物が一つになって「大三」の有機的な構造を備え、「合六」で進化的な対象の人間を選択する。 三番目の運行（三運）でその人間だけを対象にする「生七八九」の進化過程が起こる。 つまり、地球に生まれた天地と人間を一つで運行する地球的な進化体系を完成するのが運三だ。 運三は複雑で重畳した構造とその上の対象を一つの原理と対象に確立する過程だ。 その結果、人間は生七八九の存在的な運三で「一妙衍」して「人中天地一」で「四成」になる。 合六の状態の天地人で人間の四成は九の「本心」であり、三極で人間の四成は宇宙的な終わり(終)となる。 終や環が決定される四成と環五七が運三の上で起こる理由だ。

運三は三回変わる地球的な三変の過程である。 運三は地球数である「十」の中で起こる。 その運行の結果によって人間は循環する(環)か、または終える(終)。 万物が運三の過程で繋がっているので、人間としてに終わりに挑戦する機会を持つようになるのだ。このように運三は、地球が宇宙から独立した時空を備えることによって、万物に宇宙進化の対象になる機会を与える過程だ。 その機会の唯一の存在的な象徴である人間も「七•八•九」で存在の内の運三過程を経ることになる。 この過程で万物と人間の間には存在的な優位や決められた 順序がなく、終わりに至ることにも優先順位はない。 先に人間になっても、終えるまではその順序が変わることができるという意味だ。 故に地球的な進化と宇宙的な進化の境界の「十」は運三の目標の四成となる。

運三の過程で「一」から「九」までの順序と数が決定される。 数字の割り当ては一運の生まれる順序に基づいて、天地人にその数が割り当てられる。 チョンブギョン（天符経）で順次的な配列は一運の「天一一地一二人一三」が唯一だからだ。 その後にはすべて生まれた天地人の中での変化と進化になる。これによって「天」には1•4•7の数が割り当てられ、「地」には2•5•8の数が割り当てられ、「人」には3•6•9の数が割り当てられる。 これを通じて大三と合六、生七八九が「人」を目的とした数字であることを確認できる。 この手順により、運三の三つの過程が持つ意味を察することができる。 一運で天地人は生まれることで「天」の属性の時間を持つようになる。 二運で天地人は互いに連動され循環する「地」の属性の基盤になる。 三運で天地人はその時間と基盤で存在を進化させ「人間（人）」の属性の心となる。 こんな循環の輪を通じ「人中天地一」の状態の「十」に至るようになる。 チョンブギョンは運三の運行を通じて一運は万物の「三」、二運は人間の「

六」、三運は本を持った「九」のための過程であることを明確に示している。

四成、

四つで完成され、

「四成」は「運三」の運行に伴う結果の結び目に関するものである。「四」は運三で起こったことが完成される過程を、「成」はその結果を意味する。つまり、四成は運三の運行過程に沿ったそれぞれの結果が合わさることと言う。四季に例えてみると春の成と夏の成、秋の成が合わさって冬の成の四成が決定されるという意味だ。そういう訳で運三、四成である。この結果によって人間の生は「環五七」で循環するか終わり(終)で終わる。チョンブギョン（天符経）の四成は地球的な無を運三して宇宙的な無で四成することを目的とする。そういう訳で生の止まりの「無櫃の無」と終わりに至った「無終一の無」は異なるものである。これを通じて存在の生と始が決定されるからだ。

四成は地球の四季が繋がって循環する原理と似ている。春•夏•秋が運三であれば、冬はその結果の四成となる。これは 春•夏•秋がそれぞれの特性に合わせて運行し、冬で春•夏•秋•冬という循環の一つの輪が仕上がるのを意味する。 そういう訳で、冬は他の季節とは違って変化ではなく止まっている時間となる。地球の四季は太陽の影響で区分され運行される。 その過程で作られる人間の本である心が、太陽を追うようになる理由だ。 このような過程を人間の誕生と止まりで似ていくことで、存在的な進化が続かれる。このために「四成」には進化的な目標の「終わり(終)」とその終わりに重ね挑戦する「環五七」という二つの方式が存在する。 つまり、運三が終わりを成り立つと循環ではなく、終えた状態で持続するのだ。 人間が今の我を本当に愛しているなら、今の我の状態で終え持続しようとしなければならない。 それが自分が与えられた生を価値のあるものにする唯一の道だ。 この過程を終えるまで続くことを見せようと、四成の次に「環五七」が来る。

四成の循環は人間が終わり(終)に到達すべき進化が選択ではなく、絶対的なものであることを示す。

四成は完成の過程で、これは基本的に4段階で成り立ている。宇宙的な立場での完成(成)もまた4段階で探らなければならない。1段階の始まった一つ(一)としての地球は、2段階の析三極で三つに分かれ、3段階の天地人が再び一つの状態で合わさった存在として作り上げ、4段階で進化的な存在の人間が進化を仕上げる四成の過程で成り立つ。地球的な立場からは本の三極が天地人を作り、その天地人が人間を作り出して、人間が存在的な進化過程を経る運三と人中天地一で終える四成の過程になる。人間の生もこれに応じて運三と四成の過程に従う。これはチョンブギョン（天符経）で人間が「生七八九」して「人中天地一」する原理である。生七八九で人間の１段階から3段階までの運三を説明し、人中天地一で4段階を説明しているのだ。

心は地球の選択的な進化の結果でありながら証拠であり、人間だけが作って持てる。人間に心が生まれたので天地を込め終えることができるのだ。チョンブギョン（天符経）は人間がその心を得ることも四成であり、「六•七•八」の循環過程を経て得なければならないことを「本心」で述べている。このために「合六」の万物的な人間から抜け出し「生七」するものである。始まったか生まれた一つ(一)はこのように大きく分け4段階の過程を経ることになる。そういう訳で、四成は運三の運行過程に沿った結果で決定される。過程と異なる結果が出ないという意味であり、結果と始めが互いに繋がれる理由だ。その過程をチョンブギョン（天符経）では二つの形で述べている。一番目は、一運から三運までの変化の過程と終わり(終)の結果を合わせた全体的な完成(成)の段階だ。ここには1(一)から9(九)までの循環(環)が持続される形と完全な終わり(終)が含まれる。二番目は、始一したものが生で持続される部分的な完成について述べる。分かれ（析）•大きくなって（大）•合わさり（合）•止まる（死=已）ことで、一回の生を循環の輪の中で仕上げる形態だ。

環五七。
五と七で循環する。

「環五七」は四成の中で止まり（死=已）による循環に関するものである。人間の生七八九に適用され、生の機会が重なることを意味する。 環五七の循環過程があるので、人間が生を通じて進化を重ねることができる。 チョンブギョン（天符経）は「七」で循環することを通じて、万物と人間の存在性を明確に区分している。 ほとんどすべての人間は終わり(終)に達することができず、止まり（死=已）で「無櫃化三」することになる。 また、ほとんどすべての人間は「六」と「七」の段階に置かれている。 なぜなら、進化の道で万物の本能の生存から脱して独立できないからだ。仏やイエス、老子が見せた 終わり(終)の道を受け入れられない原因だ。 人間の競争は人間がそれぞれの独立した存在で心を得るための生と生を繋ぐ過程にあることを自覚できないようにする。 そういう訳で環五七の輪を抜け出して、八に超えることは容易ではない。 故に四成の後ろに環五七が位置し付与する機会を誤用してはならない。 環五七は天地人の中で重ねる循環の過程で、人間としての「不動本」に向けた意志がなければ脱することができないくびきとして作用する。

生まれたものには止まりがあり、終わりに至るまでまた再生するのは、自ら間違いなく（自然）起こる過程である。 しかし、人間の進化は自ら間違いなく起こらない。 人間が自然を追って似ようとする理由がここにある。 環五七は天地人の地に戻り、新たな時間（七）を受けて再び生まれるの輪だ。 これは三運の生七八九が運行される二運の天地人で地の数が「五」で、人間が二運で作られた基盤で運行されているからだ。 そして合六である人間に一運で新しい生命の時間が加えることを「七（六+一=七）」で象徴する。 この方式で運三の三つの運行は一つで持続される。 これによって「七」は天地人の区分では時間の天を、進化的な区分では新しい人間を象徴する数になる。 そうすることで「十」に至るための「八」と「九」の過程に挑戦する機会を引き続き与えられる。 これはすべての万物に公平に行われる。 環五七は道徳経の模すること（母）と同じで、このように生七することは人間が「天地に根を下ろす（天地根）」ことになる。

チョンブギョン（天符経）で「一妙衍」に流れていく対象の始まりは「七」である。このための環五七で「運三」と「四成」は他の意味を持つ。 運三は止まったことを再び生ざせて(生)絶えず運行させる天の役割をする。 そういう訳で、チョンブギョンで時間の流れの運三は天の特性になる。 これに対し四成は生まれた(生)ものが完成されその結実が現れるもので、完成の結果は地の上で現れるので四成は地の特性となる。 天の時間は生まれた「七」が「八」に進んだら、地の属性に頼ることになる。 「八」は天が時間を与える「七」とは異なり、人間で循環する資格が得たものである。 そういう訳で「七」の状態の人間は天を仰ぎ、「八」の状態の人間は与えられた時間で自然に従おうとし、「九」の状態の人間は宇宙に符合しようと自分の本でありながら無である心に従う。 このために「環五七」で万物と人間を繋ぎ、「環五八」で人間と人間を繋いで、「環五九」で人間と我を繋げて持続する循環の進化方式を示している。 これが輪廻の姿で、この中で環五九の循環が真の輪廻になる。

環五七の循環は生まれたのが戻る止まり（死=已）の「環五」と再び生まれる「環七」で繰り返しを説明する。 天地人の運三とその段階それぞれの結果（四成）を合わせても「七」になる。 このように「七」は同一の進化的な存在の人間としての生である。 そういう訳で、環は循環を通じて進化の方向の「八」と「九」に進むための運行の道具だ。 「七•八•九」は循環の過程を再び経験しなければならない、地球的な存在の象徴だ。 チョンブギョン（天符経）で「六」と「七」を繋ぐ環五七は重要な区分を内包している。 「八」からの人間は万物に戻らず、人間としての生を重ねる段階に置かれるということだ。 これを「一妙衍」の特徴である「万往万来」と「用変不動本」を通じて説明する。 自然に比べると「七」は一年生の草、「八」は花が咲く多年生、「九」は実を結び新しい木を育てることができる巨木のようだ。

七•八•九の進化は心の存在の有無と大きさ、それが一途に持続して不変する程度によって決定される。こういう訳でチョンブギョン（天符経）は、「大三合六」までは基盤と進化の対象に関する内容で、「運三•四成•環五七」は運行の原理、一面に「一妙衍」からはその基盤と対象が運•成•環に流れていく進化の方法と基準について説明する。 故に一妙衍の過程と生七八九の過程を繋いだ説明ができる。 「万往万来」は分別のない「七」の過程といって基準で、「用変不動本」は人間としての本が変わらない「八」の過程といって基準で、「本心」は本で心を持って「本太陽昻明」する人間の「九」の過程といって基準となる。 そういう訳で、不動本の存在的な本と本心の地球的な本を持てなかった「七」は、万物の循環の輪から抜け出すことができない。 チョンブギョンは止まり（死=已） と　終わり(終)を正確に区分して使用する。進化が運行される過程で 止まり（死=已） と 終わり(終) のつながりで運三と四成、環五七を使用しているのだ。

第 7 節

一妙衍、万往万来(萬往萬來)、用変(變)不動本。

一つ(一)が流れることは神妙で、
万回行って万回来るので、
変わって使われても本は動かない。

一妙衍、
一つ(一)が流れることは神妙で、

「一妙衍」の「一」は宇宙と地球そして万物になって、流れ（衍）は絶え間ない繋がりで、神妙（妙）はそれが自ら間違いなく（自然）一途に持続する（常）姿である。一妙衍は進化の過程が持続するもので、その流れには止まりがない。始まったのが止まるというのは地球が死んだことで、一つが流れを止めるということは人間と万物が消滅することだ。そういう訳で、一つの流れは一途に持続する。　だが、変わりか外れがなく地球的な本に従う。チョンブギョン（天符経）で一妙衍は地球的な進化過程の全体にして独立した人間の進化過程を象徴する。一妙衍を人間の生と「運三•四成•環五七」の次に配置することで、「生七八九」の過程を説明できることを示している。そういう訳で、一妙衍の過程の「万往万来•用変不動本•本心」は、その過程の区分と基準になる。万往万来は人間が終えるまでの全体の過程に持続するもので、用変不動本は「八」と「九」だけで運行し、本心は「九」だけで運行する。これによって「七八九」の段階的な特徴と超える方法を知ることができる。

一妙衍の過程の中で人間は止まると戻っていく。七八九の進化の段階に合わせて生と環は間違いないように流れていく。それを人間が明確に分かりにくいので神妙と表現するのだ。流れの対象の人間がそれぞれの進化の段階に合わせ持続するのが神妙で、進化の過程が一途に運行され進化の段階を踏んで行くようにする原理も神妙である。これらの神妙は微妙を抱いているので、見えても明確には分かりにくい。人間は一つの状態で一妙衍の循環の輪の中にいって、その流れの主体なので進化ができることである。この流れの結果として人間が地球のような宇宙的な存在へと進化したら、一妙衍の原理と流れていく様子を明確に知ることができるようになる。このような存在となった人間を「無終一」または「神」と呼ぶ。

一つ(一)は「一始無始一」で始まった出発点だ。大きくは地球その自体で、小さくはその中で生まれたそれぞれの万物を意味する。本来の一妙衍は、地球自体の運行方式にして基準だ。そういう訳で、一つの地球にある一つだけの代表が、宇宙の目的に符合するために流れることも一妙行となる。 地区の中のすべての存在が同じ本と運行方式を共有しているから、それぞれの段階に符合する方式で一つの方向に進化できるのだ。 このように、一つで流れるのは存在たちの生とそれを運営する本が一つの原理で連動していることを意味する。 いつも一寸のずれなく流れて行ける理由だ。 それでも「人中天地一」して地球と同じになる前に、それを明確に知るのは難しい。 なぜなら、人間は生と環のいずれかの点に留まっていれなく、このすべての過程を経ってからこそ初めて流れの初めと終わりが見えるからだ。

チョンブギョン（天符経）は一妙行で人間が他の存在に振り替えできない一つであることを明確にする。始まったか生まれた（始生）一つ(一)は、運•成•環の過程を通じて進化を重ね、終わり(終)に至るまでその段階に合わせて流れ続けていく。 一妙行の中で個別的な存在としてのと止まりはあっても、始まった（始）一つ(一)の進化が止まることはない。 この過程は公平無事で間違いなく、一途に持続される。地球が 終わり(終)という宇宙的な目的に符合するようと人間を運行しているので、人間はこの流れから抜け出すことはできない。抜け出せる方法はただ 終わり(終)に至ることだけである。 一つ(一)の流れは地球その自体の姿で、神妙はその運行している様子が非常に複雑でも間違いなく起こる自然で説明される。 人間はそれをそのまま従わなければ心を得られない。

チョンブギョン（天符経）の一つ(一)は宇宙的な生命体の存在的な地球で、また地球的な生命体の万物を意味する。 進化的な存在の一妙行の過程では人間がその一つになる。 このような上位と下位の一つを繋いで連動することが本である。 そういう訳で、存在的な本がない状態の「万往万来」から、人間の本を持った「不動本」に流れていく。 不動本の人間から独立した一つの我として、本心を持つようになる集中化の過程が一妙行だ。地球は目的によって宇宙から模したの（母）であり、人間はその目的のためにまた模したので宇宙の変化と進化原理から外れない。使い方の変化により結果が変わるように見えるだけだ。人間は進化のために選択されたが、本心に至るまでの人間への心遣いはない。同様に、地球と人間は宇宙の目的に符合している間だけ存在できる。

万往万来(萬往萬來)、
万回行って万回来るので、

万往万来(萬往萬來)は一妙衍が時間的で繋がった循環の過程である。 だから生七八九の進化過程で時間によって生まれる存在の「七」と繋いで理解するのが可能だ。 つまり、時間に応じて行き来するだけある変化を作れないという意味だ。 人間として生きているが、人間としての不動本を持てない状態だ。加えて万往万来は終わり(終)に至るまで続いて循環する無櫃化三の運行的な特徴だ。 万往万来の過程で万物の本能から脱し、人間として本を持つようになると八になれる。 万往万来できるので生の止まり（死=巳）と始まり（始）の終わり(終)も可能なのだ。

万往万来は区分なく流れ溢れる。 本を持つことで本を持ったまま使いだけが変わる万往万来が可能となる。 そういう訳で「用変不動本」が万往万来の次に来る。 地球は万往万来する存在的な生に関与しない。生の結果の値に合わせて「七•八•九」へと進化させ、その段階を保ってくれるだけだ。 これは地球が宇宙的な進化を目的とするからだ。 宇宙的な目的に符合する資格の本心を持ったら、一つの状態である我に万往万来できる。 万往万来は様々な万物が絶えず行き来する地球的な側面と、人間が終えるまで生を繰り返す人間的な側面が存在する。 天地人の時空間に人間が生まれることと戻ることを一つの輪で重ねることだ。

万往万来は一妙行の中で絶えず流れていく時間と存在的な繰り返しを示す。 万往万来は循環であり、これは地球の一妙行が二運の上で起こるからである。本の三極はこのための時空である天地人を目的を成するまで持続させようと、万往万来で終わり(終)の機会を引き続き付与する。 宇宙が星を作って消滅させることは宇宙的な万往万来の方式であり、地球もまたこの方式に従う。 宇宙の中で地球は人間を万往万来させることを持続し、他の星もまた宇宙が付与した目的のためにそれぞれ万往万来する。 このような過程を通じて進化の目的に合った星が宇宙に生まれて、再びそこから地球のよう実際に進化が起こる星が生まれる。 その過程が人間に適用されたのが万往万来です。 故に「用変不動本」になってからこそ完全な人間に進化するもので、人間は心を作る地球の本に符合する生を生きることになる。 このように万往万来は、人間が生から生に繋がる進化的な自発性を備える機会だ。

用変(變)不動本。

変わって使われても本は動かない。

「万往万来」の過程では役割と使い方 がすべて変わる。 一方、「用変不動本」では使い方に応じてその本は変わらない。 本は独立の象徴であり、独立したものはその目的が変わらない。 それがいつも一途な「無尽本」の意味である。 使い方は変わっても進化のための目的を守れるようになるので進化が持続するのだ。 進化の過程で「不動本」を持つようになれば、その時からはそれぞれの生に応じて使い方だけが変わる。 用変不動本が変を使用して化三のよう完全に新しくなるのではなく、人間としての本を持った状態で変わることを説明する。 この過程を通じて進化に必要な経験を積んでいき、進化の段階を上げていく。 そういう訳で、用変不動本の「本」は基本的に地球の本を意味する。 この時の本は一つ(一)が終わりを目的として流れるようにする本である。

「不動本」は人間の本だけで、その中の個人の我が本を持ったものとは異なる。 不動本は人間という存在的な形質で生まれることと止まることが抜け出せない集団的な循環だ。 人間としての存在的な不確実性だけが消えたのだ。 このように一妙衍の中で人間が人間としての不動本を持つのが八の段階だ。 「七」とは異なり、「八」は人間として重なって終わりに向かって進めるようになる。 チョンブギョン（天符経）は用変不動本で進化的な存在の人間が万物から独立し、人間として自立する過程を見せてくれる。 地球の本が万物から人間に、人間から独立した我に循環できるように作ることが進化の目標だからだ。 このため存在性が固定した状態で使い方が変わる存在的な進化が起こることが「用変不動本」である。

人間の存在的な進化は地球のように本を持ってい

く過程だ。 このため「万往万来」を通じて機会を付与し、「用変不動本」を通じて同一な存在性で固定された進化的な本を持つようにする。 しかし、まだ人類的な存在性は持ったが、一つの存在として本を持ってない状態だ。 「不動本」はまた現在の生の使い方と関係なく本来の本は変わらないことを意味する。 地球が進化のための模倣と確認のため、進化の段階とは異なる使い方を与えるからだ。 「用変」は心を持つための多様化の過程で、王から賤民、または修行者の生は模様が異なるだけだ。 故に人間は使い方や役割ではなく、その存在的な本を見ることで進化の段階を知ることができる。 このように用変不動本で人間としての不動本を持つようになるのは進化のための選択と集中だ。 こんな過程を経て本が揺れない完全な不動本の状態、つまり全てが一つに通る状態に至ると「本心」を持つようになるのだ。

用変不動本は人間が様々な生の過程を経るものだ。存在性を規定する本が変わらないのでその目的と方向がひたすら維持される。 本来の不動本は形状や形質に関係なく、万物の本が同じものだと意味する。それが一妙衍の進化の段階では人間としての本が維持されるものとなる。 そういう訳で一妙行の中で人間に進化するのが不確定的な万物や「七」とは異なり、「八」である人間には終わりのための本が持続する状態で用変することになる。 地球の目的は一途で間違いないので存在の進化的な退歩は起こらない。 故に一妙行の使い方は人間を構成する多くのものを削除し、たった一つの本で「不動」する状態を作っていくためである。 このような過程で人間に一つだけが本で残るのが心だ。 用変不動本はこのために人間の流れが生七八九の段階から切り抜けられないことを示している。 万物と共有した人間の存在性が人間だけのもので独立することで、個人としての「我」に独立して終わりに持続するまで続く。 これが一妙行を通じた自然な集中化の方式だ。 「万往万来」から「用変不動本」を経て「本心」で進化的な主体を選別するものだ。 このように「本心」は進化の主体が万物から人間に移ってきて、再び個人の我に移ってきたことを象徴する。

第 8 節

本心、本太陽昂明、人中天地一。

本は心であり、
本である太陽の明るさを仰ぐと、
人の中で天と地が一つになる。

本心、
本は心であり、

「本」は宇宙と地球そして人間が持つようになったそれぞれの根であり、それはすべて一つの無から順に持つようになったのだ。 人間が「不動本」の状態になると地球の本を追っていけるようになる。 その本を追っていく過程で天地人を一つに合わせて地球的な無を含んでいるのが「本心」である。 本心は三極から出てきた天地人が一つに合わさった状態だ。天地人の中で一つだけが三極に残ることになったのだ。 この状態になると宇宙と地球、人間の本が繋がって宇宙的な進化が始まる。 本心は宇宙の「無」が地球の「本」を経て、人間に定着したものからだ。チョンブギョン（天符経）はこのよう同じことについて宇宙は「無」、地球は「本」、人間は「心」と分かれて進化の段階を表現する。 そういう訳で、人間が地球的な進化を経て本心を持つようになったのは、人間が宇宙的な進化のための資格を持つようになったことを意味する。 我として循環を重ねる状態になったのだ。 この時からは宇宙の無へと進化するための太陽の明るさのみを必要とする。 これを通じて、地球の本である析三極の無の状態に人間が至るようになる。

宇宙の心である「無」が地球の心である「本」を経て、人間の心に届いて「無」になるのが一妙衍の目標だ。 このように宇宙の「無」が地球的な進化の過程を経て人間の「本」に入れる。 本心は人間の進化段階である「生七八九」で「九」の象徴だ。 人間の進化目標である「十」の「人中天地一」のために本心が必要で、本心は「不動本」で天地人の三才の天地を含んだものだ。 そうすることで、三才を作った三極の天地的な属性を入れられる経験を持つようになる。 地球の本である三極から人間まで分化された地球的な無を再び統合することで、宇宙的な無に戻る原始返本の過程だ。 本は宇宙と地球、人間が共通的に持つ独立した一つとしての象徴だ。 人間は本心を持つことで宇宙的な進化の過程に置かれる。 これからは地球が太陽を中心に循環するように、人間もまた太陽を中心に「我」という個別的な存在で循環する。 初めて我という存在で生きるようになる。我で生きるために人間は昔から本で心が落ち着く生を生きようと努力してきたのだ。

宇宙的な無は存在するすべての根本である。 地球が無から生まれて、その地球の本が無であることを明らかにする「一始無始一」でチョンブギョン（天符経）を始まるわけだ。 だから人間が独立した存在として本を持つようになれば、その本も無の状態になる。 地球的な本の名前は「三極」であり、人間的な本の名前は「心」である。 このように人間が本心で無の状態が「人中」で、人間が三極の中で一つの極の状態になったのだ。 この時の無は三極が生まれた「無始一」の宇宙的な無ではなく、三極から生まれた地球的な無だ。 その状態で宇宙的な本である太陽の明るさで得られるのが「人中天地一」だ。 「本心」は人間を宇宙と本に繋ぐことで、地球のように「太陽昂明」になることでそれを知ることができる。そういう訳で、心の中に三極の天地的な属性を込めて地球のような状態になれる。

人間に変わりがないのは心だけでだ。「万往万来」の状態は本能であり、「不動本」の状態で持ったことは心ではなく感情(情) である。その感情(情)を心だと思うので心を持つことができない。 人間に心ができると、地球の不動本のように自ら間違いなく一途に持続する。 太陽の明るさを地球が追うような格好になる。 心は心の基盤を持つようになった「六」の存在が「七•八」の過程を経て本を持つようになる「九」に至ると生まれる。本心は六•七•八の状態の本能と感情(情)が「心」とは違うことを見せてくれる。心の基盤 に心の家を建てるのは人間の義務でありながら進化の道である。 その道は人間の外ではなく中にあって、外で心を作れる方法はない。 地球が太陽の明るさで自分の中に人間を作るのと同じ原理で人間の中で心が生まれる。 心を作ることで地球のように外のものを追うことができるようになる。 これが地球の本の三極を追って天地人で心を作るのと宇宙的な本である太陽を追って三極で「人中天地一」になることの差だ。 チョンブギョン (天符経) が独立と自立で「無」の進化方式を見せる理由だ。

天地人の天地が持つ「不動本」を入れてこそ不変の心ができる。 これを通じて宇宙の心である太陽の明るさを人間が似てたら、無として三極の天地的な属性を込めることが可能となる。 人間の心を通じた存在的な返本還原は宇宙の目的に符合する人間の役割だ。 このために人間が存在的な進化を仕上げて地球的な無を持った存在になることで、宇宙的な無への進化を始めることができる。 人間の中（人中）で無である心が落ち着くからだ。 人間に「心」が「本」になると地球のよう自然に太陽の明るさを追うことになる。 「一始無始一」で地球が独立した無を持つことによる本性であるからだ。 太陽の明るさは地球には生命の本で、人間が存在的な限界を超えるように助ける。 宇宙は本心に至った人間だけを直接に整えてやれる。 人間が本心を持つことはその助けを受け入れるためで、太陽の明るさを通じて「十」の状態になるための前提条件だ。 人間が地球的な存在という観念的な限界を自ら克服すると、この過程を始まることができる。 人間なら誰でも「神」になれる機会を持っていることを自覚するとそれが可能となる。

本太陽昻明、

本である太陽の明るさを仰ぐと、

地球的な進化の「本」は「太陽」である。 地球が生きている状態で維持され、万物を進化させることができるのは太陽が存在するからだ。 人間の境界は地球のように太陽を直接に本とすることで超えられ、これが「本太陽昴明」の意味だ。 「本心」を持った瞬間から人間は地球的な因果から脱して道理にかなった太陽の明るさを追うことになる。 地球的な本を追って本心を持つようになると「太陽昴明」への転換は自然に起こる。 人間の進化的な生は地球を追って似ていくからだ。 そういう訳で、本心で地球的な進化が仕上げれば、本太陽昴明の宇宙的な進化が始まる。 チョンブギョン (天符経) が「本心」と「本太陽」を付けておいたのは、人間と宇宙が地球とは関係なく繋がるようになったことを示すためだ。地球ではなく太陽を追って人間が地球と同じ状態になる方法を知らせているのだ。 心がない状態で太陽を仰ぐのは、自分のものではない地球が含んだ明るさを共有することに過ぎない。

太陽は宇宙の目的により始まった一つである。 自分の中の存在に影響を与える地球と違って、太陽は自分の外の存在に影響を与える。 これは人間と神の差と同じだ。 故に、宇宙的な立場で太陽は地球より進化した存在の象徴だ。 太陽は宇宙的な目的に符合する進化が完成した形態の一つである。 地球的な原理では地球的な無から脱することはできない。 そういう訳で、人間が追う対象を地球的な本の「三極」から宇宙的な本の「太陽」に変える過程が必要だ。地球は太陽の明るさを仰げる「本心」でその進化的な役割が終わる。 このため、宇宙は太陽を地球と結んだものであり、人間は地球を通じた間接的な太陽の明るさで進化する。

太陽があるからこそ地球の中で人間が進化できる。「本太陽」は宇宙が人間が宇宙的な存在に生まれ変わる道を失わないように作ってくれたことを示している。 「地球的な無」に基づいた人間を「宇宙的な無」に基づいた存在へと進化させるのが宇宙の目的だからだ。 宇宙の運行が地球のため人間を作り上げるほど無意味ではない。 これを宇宙は太陽を通じて見せる。 太陽がなければ地球は生存できず、地球の中の命もまた生きていけない。 このような太陽の存在的な絶対性が、地球と地球的な存在の進化に方向を提示する。 地球の生存と運行が太陽によってのみできるよう設計した状態で作られたからだ。 そういう訳で本心になると、人間は太陽を頼りにする存在と自然に変わる。 このような太陽を象徴するのが明るさ(明)だ。

「心」が「本」になる前の人間は間接的に太陽を追わなければならない。 太陽の明るさをそのまま追えないからだ。神となった人々が教えと経典に残したのは、太陽の明るさに関するものであり、それを追って心を作るのを助けるためである。そういう訳で、チョンブギョン（天符経）や道徳経、易経などの経典は「本」による存在性を言うだけで相対性を扱わない。心を持った瞬間からは太陽の明るさ以外に他のものは必要しない。太陽は人間が直接に感じれる唯一の宇宙的な存在だ。地球が太陽を生命の根源として存在するように設計された理由もここにある。「太陽」は宇宙の神であり、「昻明」は人間に地球と同じになる方法を教えてくれる神性だ。地球が太陽の明るさと力で万物を育てるように、人間も太陽の明るさを直接に受け地球と同じ存在になれる。

人間の終わり(終)に必要なのはひたすら太陽の明るさだけだ。 地球と人間の進化過程でも他のことはもう必要がない。 それを直ちに追う方法を知らないから九までの進化過程を経るだけだ。 「心」がなければ太陽の明るさを追えないことを仏とイエス、老子は明確に教えてくれる。 地球という一つ(一)とその中の数々の 一つ(一)を作る宇宙は太陽で象徴される。 その存在だちが進化過程を経て作った人間の「本心」に花を咲かせることが太陽の明るさだ。 このため、地球と万物が太陽を根源にするように設計され、この宇宙的な設計により人間は地球と宇宙の「本」を共有していく進化が可能なのだ。 それがチョンブギョン（天符経）で人間が「本」で「心」を持つ過程は長く説明し、終える過程は「本太陽昂明」と「人中天地一」で基準と存在的な姿だけを見せてくる理由だ。 そういう訳で、神と聖人は人間の心の外からは答えを見つけられないと教えてきたのだ。太陽の明るさを仰げるとどの瞬間でも完全な一つの「無」になれる。 人間が心で地球を入れられるのは、宇宙的な無に基づいているからだ。

人中天地一。
人の中で天と地が一つになる。

本である三極が、天地人の三才で人間を抱いている一つ(一)の状態が地球だ。一方、「人中天地一」は人間が「心」で三極の天地を抱いて一つ(一)になったものだ。人間が地球から独立して自立したもので、その状態は時空と存在が一つの「無」である。これは人間が地球のよう宇宙的な存在として持続することを象徴している。地球が進化のために三極の三才に分けられたことを人間の中（人中）で合一したことだ。人中天地一で人間は地球のよう、宇宙的な無の「十」を本で宇宙に存在できるようになった。そういう訳で、地球の中での人間の進化は新しい道ではない。地球が分かれる前の「無始一」の状態の本来の姿と同じになるよう返本還原するのだ。太陽の明るさは、その明るさで心を作ってきた過程を通じて、心の中（人中）に入っている。地球と宇宙の境界を太陽の明るさが一つに繋ぐよう、その明るさを追い求めて心で地球と宇宙の境界を越えて行く。こんな状態に到達したのが「人中天地一」であり、これで地球での宇宙的な進化も仕上がる。

地球的な進化は知らない道を開拓していけるのではない。子が親を従って親になるのと同じ理で、地球が変化してきた過程を従っていくことで成り立つ。そういう訳で人間の進化過程は存在の人間から「三才」に、再び三才から「三極」に地球の変化過程をさかのぼるのである。この過程を通じて、人間は地球の無を本として心を作り、宇宙の無を本で「一終無終一」することになる。太陽の明るさは人間を地球から宇宙へと移動させる扉(門)で、「人中天地一」はその扉(門)を通過できる資格である。地球の進化は、地球が一始した時の無始一した時点に人間を連れておくものだ。そういう訳で、「人中天地一」もまた地球的な進化の特徴である「運三四成」の原理で成り立つ。宇宙の無が独立した地球で人間という宇宙的な神性を持った存在が太陽を通じて目覚める理由だ。

地球は自分の時空間で人間を抱いてくれる宇宙の温室で、人間はその温室で進化して自ら宇宙へ進むことになる。人間の価値は万物と天地が温室の外に行かせるために協心して作った存在ということにある。故に人間だけが本来の「十」で無に至ることができる。「九」は人間が二運で天が含んだ「三」と地が含んだ「三」、万物が含んだ「三」を三運ですべて入れたものである。これを通じて到達した「十」は地球と同じ大きさだが新たな形質の無となる。なぜなら地球は自分の中のための存在で、「十」に至った人間は太陽のよう自分の外のものと影響を取り交わすからだ。そういう訳で、「人中天地一」に至った仏•イエス•老子は太陽のように自分の外の存在に影響を与える「神」になるのだ。地球は進化の結果として人間の終わり(終)のための存在になった。ただし、それは人間が「本心」を持つ時だけ可能だ。人間の心は無であり、宇宙は無であるからこそ一つになれる。その無で宇宙的な属性を繋げるから、無終一になれるのだ。

目的によって作られた地球と、自ら進化した人間はその存在的な特徴と役割が違う。そういう訳で、地球のような役割ができる人間を分けって「神」と呼ぶようになった。このように「一始」したものと存在的な大きさは同じになって、存在性は変わったことを「始一」したものが「一終」したと言う。一始した所も無で、始一した状態も無で、一終した状態も無となる。 地球では人間だけがそれが可能な「心」を持っているのに、すなわち「人乃天」である。三極の空間で作られた天地人の三才が一つになることで、人間は「本」で「心」を持つようになった。人間が三才があるようになった三極の中の一つと同じになって、一つの極である「人中」となる。 人中天地一の「人中」は三極に三才が生まれる前の空いている空間としての無であり、「天地」は三極の二極であり、「一」は地球のような状態で三極を含んだ存在としての人間を象徴している。 このように「本心」は三才が一つ(一)になったもので、「人中天地一」は三極が 一つ(一)になったものだ。三極が三才で本心を作るこの原理を通じて、人間が地球の本のような状態である人中天地一になることで一妙衍が仕上がる。

第 9 節

一終無終一。

一つ(一)が終わり、無で終わった一つである。

一終無終一。
一つ(一)が終わり、無で終わった一つである。

「一終無終一」の無は始まったのが「なくなった」ではなく、無の状態になったことだ。 この時の「無」は一つ(一)の終わりである同時に、 一つ(一)の新しい始まり（始）が始まる存在としての「無」だ。 このように、地球の「無始一」の状態を「一終」で人間が持つようになったのが「無終一」である。「無始一」の時空に生まれた存在が「無終一」で時空を含んだ存在、つまり宇宙的な存在の神になったのだ。「一終」は無始一から始まった変化と進化が終えたことであって、一始したのが終えたことではない。地球的な進化で人間が「一終」して「無終一」することになり、地球はそのまま運行を持続するという意味だ。地球が一つの人間のためのものではないからだ。「無終一」は無である状態での終わりで、それは一始したものとは異なる、新しい 一つ(一)が宇宙に生まれるものだ。この「一つの新しい無」を数で表記すれば地球のような「十」となる。

十（１０）は一つ(一,1)が無（０）になったのだ。十である時空で、可能な進化の極限は十である。人間が十に至ったのは、時空ではかり存在できる地球と変わったことだ。時空と存在が一つの状態で自由な存在になったのだ。このように時空と存在が一つの状態なので、宇宙での存在性が時空の星と異なっている。地球での進化は、時空が存在を作ってその存在に時空を込めることにある。一方、宇宙での進化は存在と時空が一つである対象にだけ可能だ。星、その自体が宇宙で進化が不可能な理由だ。宇宙での進化が可能な存在が「神」で、この時からは地球的な進化ではなく「神」として宇宙で進化の道を歩けるようになる。これが神が道を歩く宇宙進化の原理である。「無終一」は新しい一つの存在が生まれたのではなく、人中天地一した存在が無で持続することだ。「九」よりも大きい無の状態を「十」と言うのは、「一つ(一, 1)」が終わって至ったの無でその自体が新たな出発点になるからだ。宇宙で十が宇宙的な存在としての地球を象徴するように、無終一の十は宇宙的な存在としての人間を象徴している。「無始一」と「無終一」はすべての始まりを抱いている状態だ。

無は宇宙と地球、万物が生まれることにすべて同じ原理で適用される。 これをチョンブギョン（天符経）は「一終無終一」を通じて「一始無始一」で生まれた存在が地球的な生から宇宙的な生へと進化することで表現している。 人間が地球という時空と物質的な限界から完全に脱したのだ。 これは絶対無が宇宙と地球を作って人間を胚胎させた理由だからだ。そういう訳で、チョンブギョンが宇宙の目的に天符する経典、つまり宇宙的な進化の原理を盛り込んでいる経典になれる。 チョンブギョンは地球が宇宙に存在するようになった理由が、宇宙の進化的な目的のためであることを説明する。 宇宙で時空として進化した地球のような星だちは、人間のような存在だちを進化させ宇宙に供給する供給源として作られたのだ。 宇宙で「一始」して「一終」させる目的を達成してもまた他の「一終」のために持続することで分かる。

「一終無終一」で地球は子宮の中の人間を神として宇宙に出産した。 これは「絶対無」が宇宙と地球を作った目的に符合した結果であり、これによって宇宙に出産された人間は「無終一」の状態で宇宙での成熟の道を歩いて「絶対無」に至るようになるだろう。一終した人間は地球のような役割を行うことができる。これは無終一で目的を達成し新たに始まった存在だからだ。故にチョンブギョンの「一始無始一」は地球という時空に対するもので、「一終無終一」はその時空の中の存在が天の目的に符合したことに関するものだ。「一始無始一」と「一終無終一」が一つで機能するのは時空と存在が一つの人間、すなわち神だけが可能だ。その道を歩いた人間が、人間は誰でもそれが可能なことを教えようとチョンブギョンを伝えたのだ。このように人間はその存在のまま、新しい領域で再び始まることができる。または地球で既存の宗教的な神のような神になることもできる。これは地球的な時間や観念ではなく、宇宙的な時間と観念を持つことで理解が可能となる。

チョンブギョン（天符経）は無の進化過程を人間の立場で盛り込んでいる。その目的は時空と存在が一つの状態である宇宙のような存在を作ることだ。「一終無終一」はそんな存在で出産された人間が宇宙と同じ大きさの時空と存在への進化を始めることだ。このため宇宙は地球を一始させた。人間は「

心」の以外には欲を出すことがない存在で、完全な心を持った人間は明るさ以外のものに関心がない理由を明確に示している。 このために存在するものと変化が実際は「無」であることを悟らなければならない。 本来の無では、見えるものと見えないものが存在するだけで、相対的な観念がない。 人間がそれをありとなしに画し、宇宙という存在の複雑性を分けて理解することだけだ。 故に、人間は相対的な観念としての無から脱すると「不動本」が理解でき、見せられるものや生の使い方から自由になると心を作れる。 そうすれば地球が「一始」して人間を「一終」にする理由を明確に知ることになる。 その道に沿って、存在性と時空から自由な無終一の人間になって持続する存在になれる。

チョンブギョン（天符経）は人間が「一終」して「無終一」の状態に至ると、地球的な次元から宇宙的な次元に、我の生が超えていくと言う。 この道を仏が歩き、イエスと老子が歩いた。 チョンブギョンはこの道を八十一の文字だけで証明し、それが明確な事実だとを示している。 これにより、人間の目的が神の道を歩いていくことを教えようとする。 チョンブギョンは人間が地球的な人間としての輪廻ではなく、宇宙的な人間として持続する生を生きていくことを勧めている。 チョンブギョンで「神」への道を指し示し、易経と道徳経はその道に橋を架けてくれる心だ。 「一終無終一」は宇宙の目的に符合する新しい始まりのための出発点である。 人間が無終一に至ると、地球に神の姿で他の人間だちの終わりを助けることができる。 または宇宙的な存在で始まる道を選択し、宇宙の神になる道を再び始めることもできる。 神の道を歩いて来て、神として歩いて行くことになるのだ。 一終無終一が見せる、終わりと持続に繋がる無の姿だ。

宇宙で太陽は地球に神となって、地球は万物に神となる。この二つの神が進化的な苦心を通じて作り上げたのが人間（人）である。ここで、人間の「人乃天」的な特別さが生まれる。人間は宇宙と地球という二つの神のおかげで、自ら終わって神になれる。これが絶対無が宇宙と地球を作った目的だからだ。 この二つの存在の神性は太陽に 盛り込まれている。これは親が子を産み、その子が新しい親になってまた子を産む理と変わらない。それが「人間に起こる」または「宇宙や地球に起こる」によって違って見えるだけだ。チョンブギョン（天符経）は天から降りてきた人々が残したものである。天から降りてきた「桓雄」と3000人の群衆は、「一終無終一」で宇宙で進化の道を歩く人間の存在の象徴だ。なお、天から降りてきたということは、人間にそれが難しくないことだと知らせようとするのだ。そのための生の様子が「人間を広く利する」という弘益人間(弘益人間)で、この生を生きる人間が「広く人間を利する人間」の弘益人間だ。故に「弘益人間」は本心を持ったか人中天地一の状態の人間であり、彼らが生きていく世の中が「理化世界」である。これは天から降りてきた人間たちが、自分たちの生の姿である「弘益人間」と「理化世界」で宇宙的な明るさの原理を見せようと、チョンブギョンを残した理由だ。チョンブギョンは「一始無始一」と「一終無終一」を活用して伝えようとした、地球と人間が宇宙で生きていく物語だろう。一終無終一して宇宙で一始無始一の始まりと繋がると、宇宙と人間の新たな物語が我から始まるだろう。人間がすなわち、天になったことだ。

神が道を歩く、宇宙進化の原理

チョンブギョン (天符経)

Edited by Ho-Young Lee, Sang-A Park
Translated by Ji-Ye Kang

Published in the Republic of korea by Publishing Jisikgonggam,
112, Gyeondalsan-ro 225beon-gil, Ilsandong-gu, Goyang-si,
Gyeonggi-do, Korea.

Web: www.bookdaum.com
Email: bookon@daum.net
Tel: +82 2 3141 2700

Paperback ISBN: 979-11-5622-047-3 (13150)
CIP 2014029901
First published in paperback October 2014.